Bendiciones

aptos *para su* misión

En *Aptos para su misión* la pastora Reina Olmeda entreteje de manera bella y magistral experiencias personales, enseñanzas bíblicas y su profunda pasión por Dios mientras crea un recurso vital para los lectores que anhelan tener un equilibrio físico, mental y espiritual; y al mismo tiempo estar listos para servir y vivir una vida fiel. Su método de cuatro pasos: convicción, confrontación, revelación y transformación, ofrece un sólido fundamento teológico y un empujón compasivo para llevarnos adelante en esta jornada integral. El plan de treinta días, una mezcla de desafío, ánimo, sabiduría práctica y oración, transformará no solo a aquellos que sean lo suficientemente valientes como para andar este camino ¡sino a todos con quienes se encuentren!

—Rev. Dr. Deborah Appler
Profesora asociada, Biblia hebrea,
Moravian Theological Seminary

Los asuntos mentales, físicos y espirituales de nuestro mundo deben ser de gran interés para todos. En momentos así, estas voces influyentes pueden entrar a las ondas sonoras y televisivas para tratar los temas en cuestión. *Aptos para su misión* está diseñado para inspirar a sus lectores a que reconsideren y se alineen. La pluma de la pastora Reina se ha deslizado por estas páginas con una pasión que nace de su experiencia personal. Esta tremenda herramienta servirá como un catalizador para cambios en el estilo de vida que de seguro robarán la tumba a demasiados entierros tempranos y llevarán a la bancarrota a los ladrones del destino.

—Wynell Freeman
Free Man Ministries

Aptos para su misión es el título perfecto para un libro que afirma que usted no es un accidente. "Antes de formarte en el vientre, ya te había elegido" (Jeremías 1:5). Dios le conocía incluso antes de que usted naciera. ¡Qué pensamiento tan asombroso! Él vio su esencia todavía sin forma y dijo: "Tengo un propósito para esta vida. Tengo buenos planes para ellos". ¡Usted ha sido escogido por el Dios todopoderoso para estar aquí, en este momento de la historia!

La autora de este libro comparte algunos principios valiosos que ella ha vivido y experimentado, y que quisiera que en un momento así tuvieran impacto en su vida y en el mundo.

Es importante tener una vida completamente saludable para poder impactar a otros.

Recuerde, ¡él le eligió incluso antes de que usted naciera! Encuentre confianza en su amor, sabiendo que usted es una persona de destino ¡y que es parte de su plan poderoso! Felicitaciones para la pastora Reina Olmeda quien ha cumplido su misión en el reino, y está llevando a otros a hacer lo mismo.

—Rev. Manuel A. Álvarez
Superintendente, Asambleas de Dios,
Distrito Hispano del Este

Aptos para su misión no es un libro más en la larga lista de libros de autoayuda. Es una obra espiritual profunda que llevará al lector en una jornada de transformación para sentirse y vivir mejor. Es una obra poderosa y asequible que nos recuerda que fuimos creados para un propósito muy específico. Pero ese propósito puede frustrarse mientras no esté apto de manera espiritual, mental y física para lo que Dios ha planeado para usted. Como educador cristiano he visto de primera mano cuán importante es tener un enfoque integral cuando se trata de la salud personal. Este libro ayudará a los creyentes a entender la unificación entre lo espiritual y lo físico, y hará que pueda estar completo y listo para cumplir con su llamado.

—Carlos Campos, PhD
Presidente de la Alianza Hispana para la Educación, NHCLC

aptos *para su* misión

REINA OLMEDA

CASA CREACIÓN

La mayoría de los productos de Casa Creación están disponibles a un precio con descuento en cantidades de mayoreo para promociones de ventas, ofertas especiales, levantar fondos y atender necesidades educativas. Para más información, escriba a Casa Creación, 600 Rinehart Road, Lake Mary, Florida, 32746; o llame al teléfono (407) 333-7117 en Estados Unidos.

Aptos para su misión por Reina Olmeda
Publicado por Casa Creación
Una compañía de Charisma Media
600 Rinehart Road
Lake Mary, Florida 32746
www.casacreacion.com

Traducido por: Signature Translations
Director de diseño: Bill Johnson

Originally published in the U.S.A. under the title:
Fit for Your Assignment
Published by Siloam, A Charisma Media Company

Visite la página web de la autora: www.3rddayworshipcenter.org

Library of Congress Control Number: 2014935140
ISBN: 978-1-62136-848-9
E-book ISBN: 978-62136-870-0

Nota de la editorial: Aunque la autora hizo todo lo posible por proveer teléfonos y páginas de internet correctas al momento de la publicación de este libro, ni la editorial ni la autora se responsabilizan por errores o cambios que puedan surgir luego de haberse publicado.

Impreso en los Estados Unidos de América
14 15 16 17 18 * 7 6 5 4 3 2 1

Dedico este libro a

Mi Señor y Salvador Jesucristo, en ti vivo, me muevo y existo. ¡Es verdad que tu Palabra nunca regresa vacía!

Mi mejor amigo y el amor de mi vida, mi esposo Charles. Tú has sido uno de los mayores regalos que Dios me ha dado. Tu amor incondicional y tu pasión por la excelencia me han desafiado a mejorar y ser más sabia. "Panal de miel son [tus] palabras amables: endulzan la vida y dan salud al cuerpo" (Proverbios 16:24). Por cada momento gastado para hacerme brillar y por todo el tiempo y el esfuerzo hecho para andar conmigo esta trayectoria, ¡te doy las gracias! No alcanzan las palabras para expresar cuánto te amo en realidad. Tú has sido mi mayor admirador, mi mejor mitad, el que me ha animado a cada paso del camino. Tu tiempo y experiencia fueron tan valiosos para mí al convertirte en un segundo par de ojos y en la voz de la razón durante esta etapa de mi vida. Gracias por amarme y por creer en mí. Gracias por soñar conmigo y por recordarme mi misión cada día. Eres un hombre piadoso de un gran carácter e integridad, un esposo maravilloso y un padre asombroso, y puedo pasar mi vida contigo. ¡Siempre te amaré, mi Charlie!

Mis dos bellas princesas, Amberly y Andrea. El nacimiento de ustedes sin dudas cambió mi vida de maneras imposibles de enumerar. ¡Gracias por recordarme cada día mi misión como su mamá! Su amor incondicional sirve de combustible para mi pasión para vivir la vida de una manera que puedan imitar. Sé que cualquier cosa que haya logrado hasta ahora y que me quede por lograr, ustedes lo van a sobrepasar.

Mis padres maravillosos, Sam y Elizabeth, los más cariñosos y amorosos. Cuánto les amo. Gracias por instruirme en los caminos del Señor. ¡Miren lo que el Señor ha hecho! Papá, eres y siempre serás mi apuesto Superman. Tu vida ha sido un ejemplo perfecto de lo que Dios puede hacer con un hombre que se rinde a Dios de todo corazón. Mamá, eres bella, sabia y con pasión por

Dios y la familia. Eres mi Mujer Maravilla. Eres el ejemplo perfecto de la mujer de Proverbios 31. Me enorgullece decir que soy "la hija de mi madre". Gracias a ambos por mostrarme que nada es imposible para aquellos que confían en el Señor. ¡Los amo con todo mi corazón!

Mi hermano, el pastor Sam Rodríguez. Tú eres mi Elías. Eres un hombre de gran unción, influencia e integridad. Me has inspirado a ser más y a hacer más. Doy tantas gracias a Dios por ti. Tu amor incondicional, tus oraciones, palabras y sabiduría me han bendecido de manera inmensurable. Me encanta ser tu hermana mayor y que conste, nunca dejarás de ser "Bosley". Gracias por creer en mí. ¡Te amaré siempre!

Mi bella hermana Lizzette. Eres atrevida, fuerte, valiente, amorosa e infundes inspiración. Es una gran bendición tenerte en mi vida. Con tu sola presencia sabes cómo cambiar la atmósfera de una habitación. En momentos alegres, cómicos, tristes y serios has sido mi amiga fiel e inconmovible. Gracias por tus oraciones y por creer en mí. Gracias por sacar tiempo de tu horario tan ocupado para ayudarme cuando te necesitaba. Tengo la hermana más maravillosa del mundo. Te quiero "chun fui".

Mi otra hermana maravillosa, Eva. Gracias por ser una animadora increíble durante mis logros y por creer en mí. Desde cuando íbamos a la universidad hasta donde estamos hoy, lo único que puedo decir es que Dios es fiel. ¡Te quiero, Evita!

CONTENIDO

RECONOCIMIENTOS

Quiero comenzar por agradecer a mi familia y personal de Third Day Worship Center. Me siento tan honrada de servirles. Dios me ha bendecido con una iglesia maravillosa. Gracias por sus oraciones, apoyo y amor. Su "pastora" les ama más allá de lo que las palabras pueden expresar.

Al grupo *Aptos para su misión*. Señoras, ustedes me han inspirado mucho más de lo que jamás podrán saber. Gracias por ser transparentes y por hacerme rendir cuentas cuando más lo necesitaba. Estamos juntas en esta trayectoria.

A Liz González, Jewel Davis, y Cindy Ruiz quienes tomaron tiempo, a pesar de sus horarios complicados, para ayudarme a pasar un fin de semana muy estresante. No hubiera podido lograrlo sin ustedes.

Un gran agradecimiento a Janet Rivera por ser una amiga y sierva tan fiel. Gracias por querer a mis hijas. Tus esfuerzos no han pasado inadvertidos. Dios te recompensará abundantemente.

Gracias a las escuderas por su amor y dedicación al ministerio. Es una bendición tener a cada una de ustedes en nuestra vida. Jessica Colmenares, se nota tu compromiso personal con la misión de mi vida. Eres una gran bendición. Tu "Booz" tendrá una gran misión en su vida. Jessica González, la ungida intérprete que me acompaña, gracias por hacer tuya esta misión. Siempre me alegra compartir mis meriendas contigo.

No puedo olvidar a mis maravillosos actores y actrices (ustedes saben quiénes son) quienes pasaron tiempo garantizando que el mensaje dado se proyectara con un espíritu excelente. ¡En lo que a mí respecta todos merecen un premio de la Academia! Jason Velásquez, gracias por invertir tu tiempo, habilidades y profesionalismo. Tienes un verdadero don y sé que lo mejor está por llegar.

Gracias a todos aquellos a quienes tuve la maravillosa

oportunidad de entrevistar para este proyecto. Su transparencia y sus historias tocarán y serán útiles para cambiar muchas vidas.

Por último quiero agradecer a Charisma House por darme la oportunidad de llevar este mensaje a las masas. Debbie Marrie, Tessie DeVore, Jevon Bolden, Woodley Auguste, y el resto del equipo de Charisma, gracias por su excelente servicio y su dedicación. Que Dios siga ampliando su territorio. Margarita Henry, qué puedo decir, eres un regalo de Dios. Has sido una bendición real e inspiradora para mi vida. Gracias por abrazar este mensaje como tuyo. ¡Oro para que Dios te sonría!

PREFACIO

NUESTRA FE NO es como ninguna otra fe. Nuestra fe es transparente, transcendente y transformadora. Nuestra fe nos enseña a cruzar obstáculos, a derrumbar muros, a atravesar multitudes, y a caminar sobre el agua incluso en medio de las tormentas.

Nuestra fe nos permite sobrevivir los incendios de la vida, vencer el foso de los leones, acallar serpientes y ser más astutos que las zorras. Nuestra fe nos permite ver lo invisible, abrazar los imposible y esperar lo increíble.

Por consiguiente, no es coincidencia que la primera vez que el universo escuchó la voz de Dios, Él no dijo que hubiera alegría, paz, ni siquiera amor. La voz del soberano, el divino, el glorioso, dijo lo siguiente: "¡Que exista la luz!" (Génesis 1:3).

Dios siempre comienza por encender la luz.

La vida necesita luz.

La fe requiere luz.

¿Por qué? No podemos negar el hecho de que vivimos en tiempos de oscuridad. Algunos dicen que vivimos en el momento más oscuro, oscurecidos por el pecado, la inmoralidad, el relativismo moral, la apatía espiritual, la decadencia cultural, el infanticidio, el racismo, la pornografía, la pobreza, los falsos profetas, la predicación diluida, la hipocresía, el consumismo desenfrenado, el voyeurismo, el materialismo, la tiranía secular, la discordia, la división, las contiendas, el odio, los celos y la incredulidad.

Sin embargo, en medio de la oscuridad se alza una verdad profética, una verdad revelada, una verdad eterna pronunciada por nuestro Salvador:

> "Ustedes son la luz del mundo. Una ciudad en lo alto de una colina no puede esconderse. Ni se enciende una lámpara para cubrirla con un cajón. Por el contrario, se pone en la repisa para que alumbre a todos los que están en la casa. Hagan brillar su luz delante de todos,

> para que ellos puedan ver las buenas obras de ustedes y alaben al Padre que está en el cielo."
>
> —Mateo 5:14–16

Para que la luz brille y para cambiar al mundo, tenemos que abrazar las amonestaciones siguientes. Primero, la complacencia de hoy es la cautividad de mañana. Segundo, el estancamiento espiritual siempre lleva a la atrofia moral. Tercero, la verdad nunca debe sacrificarse en el altar de la conveniencia.

Por tanto, se impone una pregunta que requiere un encuentro con una sensibilidad tangencial a la voz del Espíritu de Dios. La pregunta que corresponde va más allá del deseo, el compromiso o la inclinación a "ser luz". La pregunta, sencilla, es la siguiente: ¿Somos aptos para hacer brillar la luz? ¿Somos aptos para hablar verdad al poder? ¿Somos aptos para confrontar lo patético con lo profético y pelear la buena batalla? ¿Somos aptos para brillar en el legendario estrado de la Palabra de Dios y vencer la oscuridad con la sangre del Cordero? ¿Somos aptos para la misión?

En ese aspecto, mis primeros años de desarrollo como respuesta a la misión ordenada por Dios, implicaron un régimen y procesos rigurosos que me equiparon para la realidad de hoy. Cuando Dios me llamó a ser luz, él me rodeó y me sigue rodeando con mentores amorosos que se aseguran de que yo esté "apto" para mi misión.

Uno de los mentores más prominentes y "compañera de entrenamiento" en mi trayectoria es nada menos que la autora de este libro, mi hermana Reina Olmeda. Esta Débora de los tiempos modernos oró por mí, trabajó, me empujó, sanó, motivó y me inspiró a estar "apto" para mi misión.

Como una de las voces más importantes en el reino, la pastora Reina lleva una unción que permitirá a los seguidores de Cristo responder con un sí irrefrenable a la pregunta anterior. Esta revelación permitirá que cada lector, sin excepción, esté listo para hacer brillar la luz de Cristo y cumplir con la misión correspondiente que Dios le haya dado.

Pues, al final de la jornada, el estar aptos implica actuar. Así como Jesús cambió al mundo mediante su carácter, retórica y acciones, nosotros podemos edificar un muro de justicia, reformar la cultura y desplazar la oscuridad al estar listos para nuestra misión.

Se necesita convicción para arrepentirse, valentía para hablar la verdad, santidad para ver a Dios, fe para mover montañas ¡y una mente, cuerpo, alma y espíritu para cambiar al mundo!

¡Aptos para cambiar al mundo!

—Rev. Dr. Samuel Rodríguez, hijo
Presidente, Asociación Evangélica Hispana

INTRODUCCIÓN

¡RECUERDO MUY BIEN ese día! Era una hermosa tarde de abril. El sol brillaba y la brisa que soplaba por mi ventana daba una sensación de novedad y esperanza. Yo estaba contenta mientras me preparaba para ministrar en una conferencia de mujeres más adelante esa noche. Iba a ponerme un pantalón color café claro que me había comprado hacía poco y una blusa azul larga. Pensaba que me vería fabulosa y estaba lista para cumplir con mi misión. En mi mente me veía profesional y ministerial, y en el centro de mi conciencia estaba parada una mujer delgada. Me vestí y caminé como de costumbre al espejo.

Con frecuencia he escuchado que lo que más a menudo las personas ven en el espejo es el reflejo de una imagen ideal que ellas mismas se han creado y perciben. Tal vez yo era una de esas personas. No estaba preparada para ver con tanta precisión las consecuencias de las malas decisiones que yo había tomado y los pasos erróneos que había dado. ¡Lucía completamente ridícula! Los pantalones demasiado apretados y la blusa dos tallas más pequeñas. Me dije a mí misma: "¡Esto no es posible!".

Sin dudarlo, me alejé del espejo y decidí creer lo que había imaginado en mi mente en lugar de lo que había visto en el espejo. En ese momento no me di cuenta de que el Espíritu de Dios había comenzado a mover algo dentro de mí. Dios decidió que iba a lanzarme a mi propósito y destino mediante un proceso difícil y arduo que me llevaría a una trayectoria de convicción, confrontación, revelación y transformación.

Me pregunté a mí misma: "¿Cuándo le di permiso a Dios para que llegara a mi vida y me sacara de mi zona de comodidad?". ¡Ah, sí! Fue el 31 de diciembre de 2009, en la víspera de año nuevo, cuando bajo un poderoso mover de Dios en mi iglesia, oré:

> *Dios, este próximo año será diferente. Necesito ver el cumplimiento de cada palabra que se ha declarado*

sobre mi vida. Señor, haz tu obra en mí. Lo que sea que me pidas, lo haré. Me subiré a un avión y volaré adonde quieras que vayas y daré tu mensaje. [Sí, yo tenía miedo de viajar en avión.] Todo lo que necesite cambiar, lo cambiaré, Señor, porque este es mi año.

Lo que yo no sabía en ese momento era que estaba a punto de emprender una jornada que transformaría no solo mi vida sino también la de otros, y en el proceso, me haría completamente apta para mi misión.

Este libro trata sobre el deseo de Dios de hacerle a usted completamente apto para su misión. Su deseo es que usted esté completamente alegre, realizado y con una salud óptima a nivel espiritual, mental y físico. Mediante los lentes de la Escritura y de experiencias personales, así como de los testimonios de personas que han sido transformadas, usted descubrirá el poder de la obediencia y la rendición. Comprenderá que como hijo de Dios tiene una misión que solo usted puede cumplir. Mientras más apto esté para ella, más lejos llegará.

Aptos para su misión le llevará a través de un proceso de cuatro pasos: convicción, confrontación, revelación y transformación. El Espíritu de Dios comenzará a exponer aquellas esferas de su vida que se han descuidado. A medida que usted comience a hacer un inventario de su vida, Dios revelará las esferas que están desequilibradas y carentes de salud.

Paso 1: Convicción

Al dejar que el Espíritu de Dios obre, usted recibirá convicción y poder para seguir adelante en su trayectoria. Yo entendí que mientras más me involucraba en el ministerio, y mientras más me reconocían y conocían, más presión sentía por satisfacer las expectativas de los demás. En lugar de llevar mis preocupaciones, batallas y temores a Dios, cedí a malos hábitos en la alimentación. Con el afán de evadir las emociones negativas, el estrés y los temores, me convertí en una persona que todo lo postergaba y me mantenía ocupada en la rutina cotidiana en lugar de buscar la misión de Dios y su destino para mi vida. Sin embargo, Dios me ama tanto que no permite que ni usted ni yo nos revolquemos en las tristezas y las derrotas.

Cuando la convicción me hizo comprender que no estaba apta para la misión que Dios tenía para mi vida, una repentina sensación de urgencia explotó dentro de mí. Sabía que tenía que cambiar. Ya no me sentía cómoda. Algo me estaba pasando. De pronto todo lo que yo creía que estaba haciendo bien ahora parecía estar mal. Me sentía desconectada de mí misma, mi familia, el ministerio y Dios. La voz de la convicción estaba hablando y esta verdad era algo contundente.

Vivimos en una sociedad acelerada. Las voces que claman por nuestra atención parecieran no tener fin. Desde las responsabilidades en el trabajo y las tareas del ministerio; las labores hogareñas y el tiempo familiar; hasta los anuncios públicos, la tecnología y los medios de comunicación social, hay una demanda constante de nuestra atención. Sin embargo, en el proceso, el tiempo para el autoanálisis y la integridad parece subordinarse a las otras fuerzas impulsoras.

Permítame darle un poco de esperanza para este círculo vicioso. Cuando permita que la convicción ocurra durante su tiempo con Dios, usted tendrá una percepción de aquellas esferas que carecen de atención. La convicción despierta una conciencia de pecado que da lugar a la necesidad de arrepentimiento. Cuando el arrepentimiento es activo, la limpieza es inevitable. Usted pudiera preguntar: "¿Pecado?". Bueno, "comete pecado todo el que sabe hacer el bien y no lo hace" (Santiago 4:17)

En el momento en que para usted quede claro mediante el poder de la convicción, sobre esas áreas de su vida que necesitan atención cuidadosa, las cosas comenzarán a mejorar. Usted comenzará a pensar con claridad. Como resultado, empezará a tratar cosas a nivel mental y espiritual que pudiera haber relegado a un segundo plano. Dios le dará claridad en la mente como consecuencia de su disposición a alinearse con su propósito.

Usted comenzará a tener claridad en esferas que ante consideraba como "parte de la vida cotidiana". Entenderá que para estar alineado de manera óptima para la tarea de Dios para su vida, su cuerpo (y lo que usted le alimenta) necesita un cuidado resuelto. Usted ya no comerá por el estrés, la vida a la carrera, o por ocio. Comerá con propósito, como parte de su convicción.

Todos estos cambios están inevitablemente entrelazados con quién es usted espiritualmente. ¿Alguna vez se ha comido una cena bien grande, deliciosa y exagerada justo antes de un servicio de adoración, una clase bíblica o el tiempo de oración? ¿El resultado? Clamar al Señor para que le ayude a lidiar con la sensación abrumadora de letargo que está sintiendo en su cuerpo, mente y espíritu. Está bien, tal vez ha usted no le ha pasado, pero a mí sí.

El convencimiento hará que su espíritu esté en sintonía no solo con las cosas que normalmente catalogamos como "espirituales": oración, adoración, asistir a la iglesia y cosas así, sino también con cada esfera de su vida que constituye su integridad espiritual y le hace eficaz en su misión. Tenemos que entender algo: No estamos divididos por compartimentos. Somos seres completos con un espíritu, mente y cuerpo que están interconectados y funcionan al unísono.

Cómo trata usted físicamente su cuerpo afecta la manera en que usted responde a la naturaleza espiritual de su ser. La manera en que usted esté en sintonía con el Espíritu de Dios refleja cómo puede servirle a él y a otros a nivel físico y emocional. Su agudeza mental para responder a los altibajos de la vida está conectada directamente a su bienestar físico y la intimidad espiritual con Dios. Usted tendrá la mente de Cristo. ¿Se da cuenta de lo que quiero decir? Usted no puede estar bien en un aspecto y pensar que estará apto para la larga trayectoria de su misión. Todo tiene que estar alineado.

Qué maravilloso es que su salud mejorará, su cuerpo lo demostrará, su mente pensará con claridad y su espíritu estará en paz. La convicción es lo que produce esto. ¿Vale la pena el tiempo y la inversión? Usted me dirá. ¿Cuán valiosa es su misión?

Paso 2: Confrontación

Este libro explorará cómo la confrontación le llevará a exponer esferas de su vida que le están agotando. Su obediencia y disposición a lidiar con la situación pondrán estas esferas bajo el control de Dios.

La confrontación para mí vino como un tsunami que golpea la costa a una velocidad demasiado rápida como escapar de su fuerza y que movió de lugar todo lo que yo tenía muy bien organizado y guardado en el compartimento secreto de mi alma. El silencio de las consecuencias fue roto por una voz muy familiar que habló al centro de mi corazón: "Te amo y quiero mucho más para ti, pero tendrás que unirte a mí y confrontar todos los aspectos de tu vida que te están controlando".

¿Cuándo fue la última vez que se cepilló el cabello, planchó su ropa, se vistió adecuadamente y se puso maquillaje, o, si es hombre, que se afeitó muy bien, simplemente porque iba a conversar con alguien por teléfono? Si usted se parece en algo a mí, hay ciertas mañanas en que el profesionalismo de mi voz y lo que vería la persona que está del otro lado del teléfono si pudiera verme mediante las ondas sonoras, son dos cosas completamente opuestas. ¿Por qué? Es sencillo. Puedo proyectar una versión profesional de mí misma de manera eficaz porque no estoy cara a cara con la persona que está del otro lado del teléfono. Y la persona que está en la otra línea no puede juzgarme en base a mi apariencia.

Una de las definiciones de confrontación es "el estado de ser confrontado, especialmente en un encuentro cara a cara".[1] Eso lo cambia todo. Con este tipo de confrontación hay muy poco espacio para esconderse, o ninguno. Esto es lo que hace Dios cuando surge la convicción y se nos confronta con aquellas cosas que estábamos acostumbrados a ocultar.

No se preocupe, no hay motivo para temer. Cuando Dios le confronta a través de su Palabra y mediante esa voz que habla a su espíritu sobre aquellas cosas que están fuera de lugar, lo hace porque ya tiene las respuestas para cómo usted puede arreglar esos aspectos ocultos.

La confrontación reajustará su manera de pensar con la persona que Dios diseñó que usted fuera. Le permitirá estar cara a cara con esos aspectos mentales, físicos y espirituales que usted creía que podía esconder. Lo que usted no entendía era que en realidad no estaba escondiéndolos de nadie. Tal vez a nivel físico usted que si podía esconderlo de la gente, todo estaría bien. Pero la verdad es que solo se estaba engañando a sí mismo. Mire, la confrontación tiene que ver con uno mismo. Nunca estuvo relacionada con lo que la gente veía. Siempre fue cuestión de lo que usted pensaba que podía esconder de sí mismo. Cuando la confrontación se establece, usted podrá mirarse a sí mismo, ser honesto y comenzar su jornada hacia una mayor revelación.

Paso 3: Revelación

Al avanzar en su trayectoria, mediante los lentes de la Escritura, usted recibirá revelación. Esta revelación le llevará a comprender que no basta con que usted "se guste", usted tiene que "amarse". ¡Amarse significa que usted se cuida! La Escritura dice: "Ama al Señor tu Dios con todo tu corazón, con todo tu ser, con todas tus fuerzas y con toda tu mente", y: "Ama a tu prójimo como a ti mismo" (Lucas 10:27). Amarse a sí mismo significa tomar tiempo para invertir en el cuidado de sí mismo en todos los aspectos de su vida.

La revelación de la Palabra de Dios es la luz que da claridad a los caminos oscuros de su vida. El salmista escribe: "Tu palabra es una lámpara a mis pies; es una luz en mi sendero" (Salmos 119:105). La confrontación puede ser perjudicial si usted no tiene la luz de guía de la Palabra de Dios para que le revele el camino que necesita tomar y el sendero hacia la corrección.

A menudo recomiendo a las personas (es algo no negociable en mi vida) que tomen tiempo para meditar en la Palabra de Dios. Ya sea que usted participe de devociones personales, un grupo de estudio bíblico o incluso tome notas en los servicios de adoración de su iglesia, tome tiempo para meditar en lo que ha leído o escuchado. Una vez que usted se permite absorber lo que ha recibido, la convicción llegará y la confrontación le iluminará, pero es la revelación de la Palabra de Dios lo que le mostrará cómo aplicarla a esos aspectos específicos de su vida.

Es interesante cómo Salmos 119:105 muestra la función de la luz. No la presenta como una fuente de luz enorme que ilumina un área amplia. La proyecta como una luz que hace claro el camino frente a usted. Permítame sugerir que la Palabra de Dios sirve como una luz que trae revelación a cualquier circunstancia que usted necesite tratar, paso por paso.

A medida que usted permita que esta revelación ilumine su camino y tome la iniciativa para seguir su guía, llegará el momento en que simbólicamente mirará el camino recorrido y entenderá que su mente, su cuerpo y su espíritu se han alineado con el propósito de Dios.

Paso 4: Transformación

Por último, ¡este libro le llevará a la transformación! Usted caminará completamente consciente de que Dios reina en su vida. Aprenderá a vivir a diario dependiendo de Dios para todas las opciones y decisiones que tome. A medida que Dios le demuestre su amor, usted caminará en su misión. Estará apto para caminar en la plenitud de todo lo que ha sido destinado para usted. Entrará a una nueva vida, ¡una vida que le llevará al cumplimiento de su mayor misión, propósito y destino!

Cuando nuestra iglesia compró el primer edificio para nuestro ministerio, era una estructura que tenía 80 años. Fue construida para ser una fábrica de cinturones y accesorios. Supimos por los antiguos empleados de la fábrica (que luego se convirtieron en miembros de nuestra iglesia) que en tiempos de auge fue una instalación muy activa, funcional y productiva. Sin embargo, para la visión que teníamos ya no funcionaba. ¿La íbamos a derrumbar? ¡Claro que no! La "estructura ósea" era excelente. Sin duda podíamos usarla, pero sería necesaria una transformación completa para que satisficiera las necesidades de nuestra iglesia y su visión para el futuro.

Por favor, entiéndame. Quién usted es o haya sido, pudiera no ser inadecuado completamente. Como nuestro edificio, tal vez estaba alineado y era funcional para cumplir con una tarea en particular, en un momento dado. Pero según donde Dios le está llevando *ahora* y los propósitos que tiene para usted *ahora,* ¿está usted alineado, es funcional? Puedo decirle sin pena que, en mi caso, no lo estaba. Necesitaba ser transformada en mi manera de pensar, mi salud y mis hábitos alimenticios, y en mis disciplinas espirituales.

El diccionario Merriam-Webster define transformación como "un cambio completo o grande de alguien o algo en la apariencia, forma, etc.".[2] Al avanzar en esta trayectoria, aunque sus "huesos" pudieran estar buenos y su estructura humana y terrenal puede seguir siendo igual, el cambio que se despierta mediante la convicción, que le lleva cara a cara a través de la confrontación, y que le hace entender mediante la revelación, se construirá y terminará a través de la transformación. Esto solo sucede cuando usted rinde su mente, su cuerpo y su espíritu a la dirección de Dios y recibe una transformación completa en su vida.

Si está listo para cambiar sus patrones y conductas, si está listo para terminar lo que comenzó, y si está listo para caminar en excelencia con pasión y determinación, ¡entonces este libro es para usted! No está solo en el trayecto. Estamos en esto juntos. Ahora con este libro en sus manos, Dios le va a hacer completamente *Apto para su misión*.

SECCIÓN UNO

¿ESTÁ USTED APTO PARA SU MISIÓN?

El llamado de Dios a nuestras vidas es la misión que tenemos como hijos de Dios y que somos llamados a cumplir. Cada día nos presenta nuevas oportunidades para abrazar nuestro llamado y misión. Demasiadas personas pasan la vida buscando satisfacción personal y nunca la obtienen. Esa no tiene que ser su historia.

¿Alguna vez se ha preguntado: "¿Cuál es mi propósito en este vasto universo?". Pudiera parecer que hay personas suficientes para lograr lo que necesita lograrse. Así que usted se queda sentado, en el público, mirando un show en vivo. Nunca sabe qué viene después, pero mira ansioso mientras cae en un trance de esperanzas y suposiciones: "¿Y si yo pudiera ser esa persona que estoy mirando? ¿Y si yo pudiera hacer lo que ellos hacen o tener lo que tienen?". Mientras más ve, más se cuestiona: "¿Cómo llegaron a estar tan bendecidos? ¿De dónde viene la confianza que tienen? ¿Cómo pueden equilibrar tantas responsabilidades?".

Bueno, yo también tenía estas preguntas. Tengo que añadir que a menudo preguntaba: "Señor, ¿cuándo me toca a mí? ¿Cuándo veré cumplidas las bendiciones, las puertas abiertas, las esperanzas, los sueños, y los deseos de mi corazón?".

A medida que pasaba el tiempo, sin querer, me desviaba al margen de la vida y me convertía en una espectadora activa. Digo "activa" porque pasé muchos años trabajando arduamente en el ministerio, pero sin apropiarme completamente de todo lo que Dios tenía para mí. El temor, la duda, las ocupaciones, el conformismo y la dilación contribuían a mi forma de vida en los márgenes, un estado de mediocridad y descuido personal que al final llevaron a que no estuviera apta para que Dios llevara a cabo su plan más grande en mi vida. Y Él sí que tenía un plan mayor.

Lo maravilloso de esta verdad es que él no se dio por vencido conmigo, ¡como tampoco lo hará con usted! Cuando me rendí al plan de Dios para mi vida y solté los planes que yo misma había creado, quedé libre. La obediencia fiel y la rendición a la voluntad de Dios dejaron espacio para mis dones.

Cuando usted acepta que lo único que se necesita es un genuino: "Sí, Señor, lo haré, iré y seré lo que tú has declarado para mi vida", las puertas de favor comenzarán a abrirse.

Capítulo 1

USTED TIENE UNA MISIÓN

Pues Dios nos salvó y nos llamó a una vida santa, no por nuestras propias obras, sino por su propia determinación y gracia. Nos concedió este favor en Cristo Jesús antes del comienzo del tiempo.

« 2 TIMOTEO 1:9 »

DIOS NO NOS ha llamado a ser espectadores atrapados en sueños incompletos, pasión acabada y un hambre desesperada de cosas más grandes que nos parecen estar más allá de nuestro alcance, ni tampoco quiere que nos acomodemos a aceptar la mediocridad. Dios quiere que nos despertemos cada mañana confiados y conscientes de nuestro propósito aquí en la Tierra.

Si usted no conoce la misión de Dios para su vida, entonces ¿cómo supone que cumplirá el llamado para su vida? Las personas que se sienten seguras de a qué han sido llamadas, tienen una pasión, celo y actitud de determinación. A pesar de las circunstancias o de eventos desfavorables en la vida, siguen adelante para completar su tarea.

Usted sabe que tiene una misión cuando la misma está tan "metida en sus huesos" que a pesar de la sensación de fatiga, cansancio, frustración, y ganas de irse, no puede porque la misión corre a través de cada fibra de su ser. Incluso si usted quisiera renunciar e irse, no podría porque la pasión y el celo se han convertido en parte de su propia existencia.

Si todavía usted tiene que descubrir su misión, le animo a comenzar ahora mismo pidiéndole a Dios que revele el gran propósito que tiene para su vida. No es coincidencia que ahora mismo usted esté leyendo este libro. De hecho, estoy convencida de que usted tiene el anhelo y el deseo de hacer más, ser más y tener más.

Llega un momento en que la conformidad deja de existir. También llega un momento en que sentimos una necesidad profunda y abrumadora de levantarnos y huir de nuestros hoyos de conformidad.

Creo que Dios ha creado relojes despertadores dentro de cada uno de nosotros que despiertan nuestros sentidos espirituales. Es la manera de Dios de decirnos: "Bueno, yo esperé por ti, pero ya que no puedes despertarte solo, yo te despertaré y te haré sentir incómodo hasta que camines en total confianza, pasión y propósito". ¡Qué poderoso es el Dios a quien servimos! Él hace lo que tenga que hacer para llevarnos al lugar donde necesitamos estar.

No acepte sus pruebas o circunstancias actuales como derrotas. De un gran caos Dios ofrece los medios para un nuevo comienzo.

Tal vez usted se despierta con un ruido atronador que remueve los cimientos de su casa. Descubre que la pieza más valiosa de la casa se ha hecho pedazos por completo. Usted se dice a sí mismo: "No importa lo que haga, es imposible tomar los pedazos y restaurarla. Nunca podré tomar los pedazos y volverla a componer". La decisión es suya, amigo mío. Puede permanecer en medio de los pedazos rotos durante horas, días, meses y años, intentando componerlo otra vez y ver que nunca recupera su forma original, o puede barrer todos los pedazos y llevarlos a los pies de Jesús. Él sabrá qué hacer con ellos.

De la misma manera, cuando las tormentas de la vida remueven nuestro cimiento y hacen que nos caigamos y nos hagamos pedazos, así rotos podemos ir confiados ante Jesús, la única persona que sabe justo cómo restaurarnos a la integridad.

A veces en un esfuerzo por despertarnos de nuestro sueño espiritual, Dios permite que se hagan pedazos posesiones valiosas. La fortaleza, la resistencia y la dependencia de Dios no pueden activarse hasta que exista una necesidad.

La dependencia de Dios requiere una fe tan activa que al rendirse, aunque no sepa lo que le aguarda en el futuro, al creer que Dios tiene el control, usted tendrá la seguridad de que todo está bien. Cuando todo esté bien, entonces se le presenta el propósito que Dios le ha dado. De los escombros del dolor y los desafíos, usted se levanta para descubrir y cumplir con su misión más grande.

No se trata solo de usted

Cuando Jesús habló a sus discípulos les ordenó: "Vayan por todo el mundo y anuncien las buenas nuevas a toda criatura" (Marcos 16:15). En esencia Jesús quería que supieran que dentro de cada uno de ellos había un mensaje que otros necesitaban escuchar. Veamos tres principios importantes con respecto a esta comisión:

1. "Vayan": lo que Él le ha dado, lo que ha depositado dentro de usted, no es para tenerlo guardado en los confines de su propio compartimento personal. Tiene que ser compartido con otros.
2. "por todo el mundo": Sí, aparte de usted hay personas a quienes ha sido llamado a servir: su familia, su comunidad, toda una generación... Usted ha sido escogido para marcar una diferencia en la vida de alguien. Tal vez el enemigo le ha mentido y le ha dicho con su voz más engañosa y convincente que usted no tiene propósito o que ya hay otros en las trincheras, por lo tanto sus servicios y sus dones no son necesarios. Bueno, yo enfrento las mentiras en el nombre de Jesús al declarar sobre su vida que usted sí ha sido escogido y destinado para más. Hay un don único y una misión hecha a la medida que le pertenece solo a usted. Hay alguien allá afuera que espera verle, escucharle y conocerle. Le invito a recibirlo, a creerlo, a abrazarlo, declararlo, ponerlo en marca, agitarlo y caminar.
3. "anuncien las buenas": ¡El Espíritu de Dios está sobre usted! Le ha ungido, separado y escogido para ayudar a satisfacer las necesidades de otros seres humanos. En usted están las expresiones de aliento, palabras de sabiduría e ideas creativas.

> Hay revelaciones para revelar, una visión que contemplar, y una misión que cumplir. Alguien necesita escuchar las buenas nuevas de las que usted, amigo mío, es portador. Libérese y suéltese.

Cada día usted abre sus ojos, respira un nuevo aliento, ve el sol que se levanta, escucha las aves cantar, siente el viento soplar y escucha las voces de sus seres queridos, eso es sencillamente una expresión de Dios diciéndole: "Estás aquí ahora y vivo por un propósito y un gran destino". Además es la manera de Dios revelarle que la misión para su vida no está completa. Por lo tanto se presenta un nuevo día, se provee una nueva oportunidad para apropiarse de todo lo que Dios ha depositado dentro de usted. Es otra oportunidad para marcar una diferencia en la vida de alguien.

Usted ha sido apartado

¿Sabía usted que antes de que naciera su misión, propósito y llamado fueron establecidos? Usted nació para un momento como este. Dios le ha apartado para la misión de su vida.

En las Escrituras el Señor le dice a Jeremías: "Antes de formarte en el vientre, ya te había elegido; antes de que nacieras, ya te había apartado; te había nombrado profeta para las naciones" (Jeremías 1:5).

Al leer esta porción de la Escritura presenciamos un diálogo que ocurre entre el Señor y Jeremías. El Señor le reveló a Jeremías que lo conocía incluso antes de su existencia. El Señor formó a Jeremías. Lo separó para cumplir con una gran tarea. Jeremías necesita la certidumbre de la providencia del Señor sobre su vida, y el Señor le dio a Jeremías su seguridad.

Pero entonces Dios le entrega una misión impresionante (Jeremías 1:5, 10). A Jeremías se le asignó que hablara a un pueblo pecador y fue llamado a llevar convicción. Seamos honestos, no es una misión fácil. Me imagino que Jeremías no se sentía capacitado para esta tarea en particular. En el versículo 6 podemos ver que Jeremías no abrazó su misión con mucho entusiasmo. De hecho Jeremías se resistió.

A él se le ocurrió una razón muy buena de por qué no creía

que fuera la persona idónea para ese trabajo. Le dijo a Dios que no sabía hablar (Jeremías 1:6). Espere. ¿Acaso Dios no dejó claro que fue Él quien formó a Jeremías, que lo conocía y lo había designado como profeta? Sí, Él lo hizo.

Voy a hacer una hipótesis de por qué creo que Jeremías dijo lo que dijo. Si yo estuviera en el lugar de Jeremías, la voz del temor hubiera ahogado la voz de Dios. Es decir, el temor en mí le hubiera ganado a la voz de la razón.

Como Jeremías, muchos pensamos que podemos escoger qué misión vamos a abrazar, como si tuviéramos la opción.

Créame, hubo muchas ocasiones en que Dios me recordó claramente que Él ya me había establecido y escogido para una misión específica. Ya estaba escrito, declarado y establecido. No podía escaparme de eso ni aunque quisiera. Probé todas las excusas que se me ocurrieron. Incluso razoné mis excusas al tratar de usar como justificación la Palabra de Dios. Ah, las cosas que hacemos cuando permitimos que las voces de la inseguridad y la insuficiencia tomen el control.

Esto no siempre es intencional. A veces es difícil aceptar el gran plan de Dios y su propósito para nuestras vidas. Su plan es mucho más grande que el nuestro. Tiene posibilidades ilimitadas. Dígame, ¿por qué Dios nos confiaría a usted o a mí para que ejecutemos una misión con todas nuestras incapacidades, defectos, inseguridades, temores y dudas? Le diré por qué: porque Dios nos conoce mejor que nosotros mismos. Esto significa que cualquier cosa que usted cree que es incapaz de hacer, Dios, al designarlo para una misión en particular, ya ha declarado: "¡Usted sí puede!". Cuando usted cree que no tiene las palabras correctas, conoce a las personas correctas o tiene los recursos correctos, permítame recordarle que el "que los llama es fiel, y así lo hará" (1 Tesalonicenses 5:24).

Un vistazo del favor de Dios

A una edad muy temprana yo sabía que tenía algo en particular. Crecí en un hogar cristiano. Íbamos a la iglesia al menos cuatro veces por semana. La iglesia en que yo crecí tenía un programa para niños próspero. Los jueves en la noche teníamos cultos para niños. Los niños dirigían la adoración, ministraban con canciones e incluso daban sermones.

No fue hasta que cumplí los once años que me pidieron que cantara una canción de adoración. Yo había estado esperando ese momento. Nadie lo sabía pero una noche, estando en la casa, comencé a cantar. Y por primera vez mi voz no me resultó familiar. Me di cuenta de que tenía un don. Podía cantar, ¡sí, podía cantar!

Imagínese, tener once años y descubrir un don que había estado en secreto hasta el momento en que Dios mandó a todo lo que me rodeaba que se detuviera, guardara silencio, porque Él tenía algo que quería que yo escuchara. Él quería que yo escuchara el don que había depositado dentro de mí. Recuerdo que me dije a mí misma: "¡Estoy ansiosa porque llegue el jueves! ¡Voy a cantar!". Pero, ¿sabe qué? Llegó el jueves y mientras me abría paso para llegar a la primera fila, alguien me preguntó si quería cantar. Al terminar la canción experimenté el calor de las personas mientras se ponían en pie y glorificaban y adoraban a Dios. Yo no estaba segura de lo que estaba pasando, pero sabía que tenía un don mayor de lo que había entendido al principio. Iba más allá de cantar, este don hacía que la gente se levantara y diera a Dios alabanza.

Cuando Dios pone algo dentro de nosotros, no puede tomarse a la ligera. Lo que venga de Dios está destinado a tener un impacto primero en usted y luego en otros a su alrededor. Algo pasó dentro de mí, algo se movía que me provocaba un deseo de descubrir el plan de Dios para mi vida. Así el proceso había comenzado. Ahora entiendo que esto era simplemente el comienzo de la misión y el llamado para mi vida. Se me dio una misión que impactaría a las personas y daría espacio al favor de Dios sobre mi vida y la vida de ellos. A través de mi voz las personas conocerían a Dios. Ya fuera mediante el canto o al hablar, ¡Dios me había separado!

¿Y si yo le dijera que soy una persona introvertida? Sí, esta mujer se paró en el altar por primera vez ¡y cantó con sus ojos cerrados durante diez minutos que parecieron diez horas! Estaba petrificada, pero no dejé que el temor me detuviera porque acababa de experimentar un vistazo del favor de Dios.

Mire, cuando la misión de Dios y su propósito para su vida penetran a lo más íntimo de su ser, le llevan a dimensiones desconocidas. De repente sus sueños se vuelven más grandes que la vida y usted queda ante un mundo de posibilidades al enfrentar al miedo cara a cara y avanzar con valentía en su misión. A pesar de sus sentimientos de temor o inseguridad, usted se ve impulsado a seguir adelante. Su misión se convierte en su estilo de vida. Usted se mueve en su misión y vive su vida como un vaso usado por Dios.

Las personas le conocerán por su misión

Como madre sé que tengo la tarea de cuidar y criar a mis dos hijas. La maternidad no es la más fácil de las tareas. He tenido momentos en los que me he sentido insuficiente; he sido probada al máximo, desafiada en varias esferas de mi vida y he buscado con angustia las respuestas correctas. Sin embargo, a pesar de todo lo que viene a mi camino, sigo siendo la madre de mis hijas, ¡y esta es mi misión! No puedo huir de ella. No podría negarla si quisiera. La maternidad es parte de lo que soy. Cuando mis hijas me presentan a sus amigos, comienzan diciendo: "Esta es mi mamá". Cada vez que me dicen mamá confirman mi misión.

Como pastora, trabajando junto a mi extraordinario esposo, soy llamada a pastorear un rebaño—un rebaño *maravilloso*, tengo que añadir—, de personas extraordinarias. Asumir el papel y las responsabilidades del pastorado también es parte de quién soy. Eso también es mi misión.

Cada vez que me llaman mamá, esposa y pastora, se me recuerda mi misión de servir a otros. También se me recuerda la responsabilidad de ejercer el cuidado de mí misma para poder dar a otros lo mejor de mí; de modo que pueda dar lo mejor de lo que Dios ha depositado dentro de mí.

La verdad es que no podemos dar lo que no tenemos. Podemos tratar de fingirlo hasta lograrlo, pero no me convence. No podemos pensar que podemos fingir ser alegres y creer que podemos transmitir un gozo falso a otra persona. Es por eso que me salí de mi zona de comodidad y di un salto de fe para escribir las páginas de este libro. Mi meta es dar una luz o presentar un faro de esperanza, una esperanza que le llevará a entender que la conformidad, la mediocridad y la falta de pasión, mantener el statu quo, no será suficiente. Ya que Dios le ha llamado a mucho más, el cambio es necesario.

El descubrimiento, activación y revelación de su propósito, misión y llamado no se materializarán hasta que usted reconozca que sin Dios es imposible llevar a cabo la misión que se le ha encomendado. La verdad es que la dependencia de Dios es necesaria, cuando no crucial, para convertirse en un exitoso agente de cambio en manos de Dios. Usted tiene que entender que no es autosuficiente sino que depende por completo de Dios. Todo tiene que estar alineado: su espíritu, su pensamiento, sus emociones, y sí, su cuerpo físico.

La alineación espiritual es lo primero

¿Ha escuchado usted el término *alineación espiritual*? Estoy segura que sí. El *Free Dictionary* define *alineación* como "el ajuste de las partes en relación de la una con la otra".[1] Por ejemplo, producir una línea recta o una alianza cuando dos partes se unen dispuestas en la misma forma. Por tanto, estar alienado *espiritualmente* es estar en paralelo con Dios en lo que se refiere a su plan y su propósito para su vida. Por consiguiente, su misión. Déjeme advertirle, este proceso puede ser doloroso. Trate de enderezarse para estar completamente erguido después de pasar mucho tiempo encorvado.

En Lucas capítulo 13 la Biblia habla de una mujer que tuvo este tipo de experiencia. Esta mujer esta encorvada y durante 18 años no había podido enderezarse. La Escritura dice que un espíritu provocó que tuviera tal postura y la afligía. Ahora imagine que esta mujer todo el tiempo estaba mirando hacia abajo, incapaz de enderezarse. Me imagino cuán difícil debe haber sido despertar cada mañana y estar desalineada, incapaz de pararse derecha. Esta mujer debe haber soportado un gran dolor. Además, es posible que las limitaciones que tuvo que soportar y las oportunidades que se perdió a consecuencia de su condición le provocaran una angustia emocional y psicológica. No era una situación agradable. Sin embargo, muchos han hecho de la angustia su morada, pues parece estar siempre presente en sus vidas.

Son hombres y mujeres que viven vidas estropeadas por espíritus. La depresión, ansiedad, angustia, los temores, la culpa, los remordimientos, solo por nombrar algunos, han sido muy bien escondidos bajo sonrisas, alabanzas, palabras elocuentes y títulos. *¡Ese no es el plan de Dios para usted! ¡No es el plan de Dios para nadie!*

El enemigo quiere que nuestro espíritu carezca de todo lo que es bueno, todo lo que produzca crecimiento, paz, amor y pasión. Dios quiere que vivamos vidas abundantes.

Cuando los dardos del enemigo se lanzan contra nuestro espíritu sin ninguna misericordia, afectan todos los aspectos de nuestro ser. ¡Estamos lidiando con algo espiritual! Si Dios va a manifestar su gloria en su vida, entonces tiene que ocurrir una alineación espiritual. Al estar al unísono con Dios y buscar llegar a un nivel más profundo, las profundidades y la revelación de su Palabra penetran en todos los rincones de nuestra alma y nos liberan de todo lo que detiene el plan perfecto de Dios para nuestras vidas.

¿Se acuerda de mi historia cuando tenía once años y cómo Dios me lanzó a una trayectoria para descubrir mi misión? Bueno, ese fue el momento, amigo mío. Yo tenía una dicha completa, estaba feliz de saber que era especial para Dios. Mi postura era erguida mientras declaraba a toda voz: "Estoy segura de lo que soy". Pero sucedió lo inevitable. Crecí. Las épocas cambiaron y la vida continuó. Perdí de vista el hecho de que necesitaba nutrir a mi ser espiritual. Estaba tan absorta en el ministerio que me olvidé de que la ministra que había en mí también necesitaba cuidado. En pocas palabras, erré el blanco.

Mi postura comenzó a cambiar tanto que no podía ver el plan mayor para mi futuro. Permití que toda clase de cosas dañinas que al principio pudieron parecer inofensivas, cambiaran mi postura y me sacaran de la alineación. No estaba alineada con Dios. Estaba adelantada en algunas esferas y atrasada en otras. De hecho pudiera confesar también que se adueñó de mí un espíritu de ociosidad, como si fuera una manta cálida y cómoda. Durante una época me aseguré de no abrazar *ninguna* misión que me sacara de mi cómoda manta.

Seamos realistas, a veces se siente bien no hacer absolutamente nada. Aunque yo sabía que no era lo mejor. Sabía que Dios no me había creado para ser así. Sin dudas no era el plan de Dios para mi vida y, permítame reiterarlo, tampoco es el plan de Dios para usted. La Biblia nos dice claramente: "El perezoso ambiciona, y nada consigue; el diligente ve cumplidos sus deseos" (Proverbios 13:4). La verdad es que yo evitaba hacer el trabajo.

Es curioso que a veces queremos todos los beneficios del cielo pero no queremos intentar alcanzarlos. La alineación espiritual implicará que usted se siente en la presencia de Dios y le permita limpiarle de todas sus impurezas y toxinas. Tendrá que orar hasta estar seguro de que está alineado con el propósito y la voluntad de Dios para su vida. No siempre será agradable. Tendrá que buscarlo a través de la Escritura, de su tiempo devocional, de momentos de silencio. Por consiguiente usted comenzará a reconocer su voz y a entender su voluntad y misión para su vida.

Estar apto para su misión exige que la obra comience por dentro. Para aquellos que han sido heridos, dañados, abusados, maltratados y abandonados, el solo pensar que tengan que comenzar por ahí puede ser en extremo abrumador. Antes de continuar, permítame animarle, Dios tiene un propósito y plan mayores para su vida. Hay más que Él quiere hacer en usted y a través de usted. Hay sueños más grandes y mayores dimensiones a las que Él quiere llevarle. Primero usted tiene que mirar dentro de sí y sacar todo lo que necesite ajustarse, alinearse, eliminarse, moldearse y limpiarse. No tenga miedo. Dios le ayudará a pasar el proceso. Sé que puede ser difícil pero, ¿está usted dispuesto a arriesgar el ver su vida pasar sin descubrir jamás la grandeza que tiene dentro?

Quiero que sepa que yo también quise huir y esconderme en el momento en que descubrí la verdad sobre mí misma. "¿Cuál verdad?", se pregunta usted. Bueno, ¿por dónde empiezo? Primero descubrí que Dios quería hacer mucho más pero yo era la única que estaba impidiendo y poniendo en riesgo todo lo que

Dios me había entregado. Yo había puesto límites y barreras que me negaba a quitar. Se abrían puertas para que hablara más allá de la costa este; sin embargo, yo permitía que el temor pusiera barricadas que me impedían subirme a un avión y volar. Le pedía a mi asistente que rechazara cualquier evento que implicara que viajara en avión.

¿Qué estaba haciendo? ¿En verdad pensaba que podía cerrar las puertas que Dios había abierto? ¡Sí, lo pensaba! Pero en aquel momento yo hacía lo que haría cualquier cristiano bueno con conciencia: justificaba mi mala conducta. Yo decía: "Señor, yo sé que tú me entiendes porque tú me creaste". Sí, usaba la gracia y la misericordia para cubrirme. Pero si yo le dijera que algunos de nosotros nos aprovechamos de la gracia y la misericordia, ¿estaría de acuerdo conmigo?

Es mucho más fácil vivir en la felicidad, absortos en alguna definición de la gracia y de la misericordia hecha por el hombre, que vivir por los principios bíblicos. Estos principios hacen que sean las verdades de Dios quienes le gobiernen, y eso claramente proclama que la obra transformadora comienza por usted. Usted tiene que tomar la decisión de aceptar los cambios que Dios quiere proporcionar en su vida. La Biblia dice: "No se amolden al mundo actual, sino sean transformados mediante la renovación de su mente. Así podrán comprobar cuál es la voluntad de Dios, buena, agradable y perfecta" (Romanos 12:2). Comprobemos la realidad: la gracia y la misericordia están disponibles para todos. Sin embargo, tenemos que actuar con gracia y misericordia al involucrarnos en el proceso y la tarea que tenemos por delante.

Tenemos que decidir que haremos lo que sea necesario para asociarnos con Dios a medida que damos pasos para estar aptos en todas las esferas de nuestra vida. Vamos a entrar y encender la luz, limpiar el desorden, reacomodar los muebles con el objetivo de dar espacio a los tesoros, bendiciones, sueños, visión, propósito y destino que Dios tiene para nosotros.

En el momento en que yo decidí que abrazaría la verdad y me dispondría para estar apta para mi misión, supe que tenía que dar cuentas a alguien. No es fácil deshacerse de los hábitos, de los pensamientos erróneos, y de todo lo demás que impide nuestro propósito. ¿A quién estaba engañando? Me había convencido por años de que estaba bien, logrando y alcanzando todo lo que me había propuesto. Sí, muy dentro de mi alma yo sabía que había más. Tenía que haberlo. Había malgastado demasiados días lamentándome por cosas que no pude terminar, de ahí que comía en exceso, estaba agotaba, tenía temores abrumadores y a menudo me sentía frustrada conmigo misma.

Al pensar en eso ahora, a veces fue difícil levantarme y enfrentar el hecho de que otros estaban más avanzados, que tenían más disciplina, más enfoque, mejores planes y recursos más grandes. Sí, a veces en la misión, en lugar de enfocarnos en lo que tenemos por delante y avanzar, pasamos momentos preciosos enfocados en los que nos rodean y a quienes les va mejor, se hacen más grandes y logran más. ¡Qué pérdida de tiempo! Por amor de Dios, ¡cómo demoré el proceso!

Bueno, estaba decidida. Me conocía demasiado bien. Como una morosa profesional sentada al margen, sabía que en cualquier momento dejaría lo que había comenzado y lo más probable era que pasara una buena parte de mi vida *planificando* estar apta en lugar de dar los pasos para hacerlo.

Dios lidió conmigo en esto y por consiguiente, creé un grupo privado en Facebook donde comencé a publicar mi trayectoria. Iba a rendirle cuentas a alguien, o tal vez debiera decir, a 750 alguien, quienes más adelante me acompañaron en esta jornada. Invité a mujeres a mi grupo privado ("Aptos para su misión") y me mantuve genuina, natural y relevante, me lancé a mi trayectoria para estar completamente apta.

"Le deseo una trayectoria muy buena a un mundo desconocido que nunca ha visto."[2]

Una publicación del grupo de Facebook "Aptos para su misión"

Dios me ha mostrado mediante este grupo (Aptos para su misión), que mis problemas están profundamente arraigados en el pasado. Me ayudó a entender que no se trataba solo de mi imagen corporal sino de la imagen de mi corazón, la imagen de mi mente, y mi imagen de Dios. Con su misericordia Dios me despertó a entender esto. Estoy de camino a estar apta para mi misión.

Reflexiones

Estoy convencida de que existen tres tipos de personas:

1. Aquellas que conocen su misión y la viven cada día, caminan en plenitud de gozo, cosechan las semillas que han sembrado en su misión.
2. Aquellas que todavía tienen que descubrir su misión y se han acomodado en el conformismo y la rutina. Tienen trabajos que no les satisfacen, se lamentan de decisiones equivocadas, se sienten culpables por no contribuir y carecen de significado y propósito.
3. Aquellas que conocen su misión; no obstante, sus vidas son un desastre tal que pasan los días abrumadas por la culpa, sabiendo que debieran hacer más pero inhibidas por todo el caos que les rodea.

1. De estos tres tipos de personas, ¿cuál cree usted que le describe mejor y por qué?

2. ¿Qué ha despertado Dios en usted con respecto a este capítulo?

Capítulo 2

SU CUERPO ES UN TEMPLO

¿No se dan cuenta de que su cuerpo es el templo del Espíritu Santo, quien vive en ustedes y les fue dado por Dios? Ustedes no se pertenecen a sí mismos, porque Dios los compró a un alto precio. Por lo tanto, honren a Dios con su cuerpo.

« 1 CORINTIOS 6:19–20, NTV »

PERMÍTAME COMENZAR DICIENDO que esta jornada no es cuestión de ponerse delgado ni de alcanzar la talla o peso ideales. El asunto es que tener una relación con Dios, junto con el Espíritu Santo, se corresponde a la manera en que tratamos nuestro cuerpo, mente, espíritu y alma.

Si recuerda, comencé este libro regresando al día en que me miré al espejo y vi una mujer que se había engañado a sí misma al creer que estaba apta físicamente y con un estado de salud óptimo en todas las áreas de su vida. En cuanto a la parte de estar apta físicamente estoy siendo amable. Lo que realmente quise decir es que vi a una mujer que se logró meter en una ropa que parecía dos tallas más pequeñas. Ese fue un momento crucial. Me permitió comprender la gravedad de la situación. En un corto período había aumentado más de 30 libras. No piense ni por un instante que no sentía mi estado nada saludable. Claro que sí. Lo sentía cada vez que me vestía, me paraba en un púlpito a hablar, subía las escaleras y sí, cada vez que *intentaba* hacer ejercicios.

De hecho estaba arriesgando que la misión que tenía delante de mí se detuviera. A menudo me sentía cansada, con falta de aire y nada dispuesta a hacer algún cambio que promoviera una mejor salud. Así que comencé a evitar cualquier cosa que hiciera que mi cuerpo físico trabajara más duro de lo que sentía que debía hacerlo. "Yo sé cómo es la cosa", me decía a menudo a mí misma. La solución era sencilla: Si no quería sentir falta de aire, evitaba el ejercicio. Si quería sentirme delgada, compraba una talla más grande y me aseguraba de que cualquier ropa que comprara fuera del color maravilla: negro.

En mi opinión el negro es el color mágico para bajar diez libras instantáneamente. No hace mucho que todo lo que tenía en mi armario era ropa negra. En retrospectiva, debe haber parecido que yo estaba pasando por una etapa eterna de luto. Realmente es agradable entrar hoy a mi clóset y ver una gama de azules, verdes y *beige*. Sí, yo escondía muy bien mi dejadez.

Mi lista de ropa sucia

Por mucho que trataba de esconder o de convencerme de que estaba bien y de que nada lo que estaba haciendo era un pecado, sabía que algo andaba mal. El hombre espiritual, aquel que busca una relación con Dios, estaba callado y no se involucraba activamente en la relación. Aunque sabía que Dios me amaba incondicionalmente y que mi valor no estaba basado en la talla de mi vestido, sabía que me había adueñado de todas las esferas donde se suponía que Dios fuera el único propietario. ¿Qué me delató? Aquí tienes una lista de las cosas que experimenté que indicaban que algo andaba mal:

- Un espíritu inquieto
- Trabajaba más y oraba menos
- Dependía de la gracia y la misericordia siempre y pasaba por alto principios importantes
- Comía por impulso, sin tener en cuenta lo que comía o dónde estaba comiendo
- Carecía de autodisciplina
- Cero ejercicios, eso no estuvo en mi vocabulario por más de dos años
- Dilación, el síndrome de "mañana me ocupo de eso"
- Evitaba las tareas que implicaban más de lo que estaba dispuesta a dar en un momento en particular
- Un temor abrumador a viajar en avión y dar pasos de fe

- Mi vida tenía aspectos que estaban estancados
- No dormía lo suficiente
- Perdía la cuenta del tiempo, las metas y propósitos
- Estaba agotada espiritual, emocional y físicamente
- Pasé unos dos años sin escuchar de Dios a nivel personal y sin preguntarle ni una sola vez a Dios al respecto (eso dolió)
- Me sentía explotada y acabada
- Invertía en el ministerio y ni una sola vez me detenía para llenarme; terminé con un tanque vacío que no me llevó a ninguna parte durante toda una temporada

¿Se identifica usted? No me avergüenza compartir mi lista de ropa sucia. Reconozco que hay demasiados hombres y mujeres con un gran propósito que están gastados; cansados; agotados espiritual, emocional y físicamente, hombres y mujeres con un potencial y destino que están viviendo en silencio. Son personas que se esconden en las cámaras de tortura del dolor, que se paran frente a un púlpito y predican una palabra rica y, no obstante, se sienten pobres en espíritu. Muchos se ocultan en los confines de la religión y de dogmas hechos por hombres. Y nos preguntamos por qué no vemos un avivamiento. Para experimentar un avivamiento *corporativo* primero tiene que ocurrir un avivamiento *personal*.

La expresión de un alma desesperada

El enemigo quiere que creamos que si salimos y enfrentamos nuestras deficiencias, eso nos desacreditará a nosotros y a la misión que tenemos en nuestras vidas. Esa es una mentira que él usa para confinarnos a una vida de remordimientos y que se vive por debajo del estándar que Dios ha puesto para nosotros. En lugar de ir a Dios y pedirle que nos revele la verdad, a muchos nos asusta hacerle la petición a Dios en oración. Tenemos la tendencia a ver a Dios como un comandante inmisericorde listo para castigar, en lugar de verlo como un Dios amoroso que está listo para restaurar.

La ansiedad, la depresión, el temor, la baja autoestima, los remordimientos, los pensamientos equivocados y sí, incluso nuestros malos patrones alimenticios, todos sirven para afectar nuestra salud, aplastar nuestro espíritu y detener la misión en nuestras vidas. La Biblia dice: "No se inquieten por nada; más bien, en toda ocasión, con oración y ruego, presenten sus peticiones a Dios y denle gracias. Y la paz de Dios, que sobrepasa todo entendimiento, cuidará sus corazones y sus pensamientos en Cristo Jesús" (Filipenses 4:6–7). En el momento en que usted es sincero con Dios y le confiesa sus luchas personales, algo se rompe en la atmósfera y hay liberación. Es como si Dios dijera: "Está bien, ahora me toca a mí". Él toma el control.

Existe algo muy poderoso y liberador al soltar y rendir a Dios todo lo que somos. Nuestro espíritu está alerta y nuestra mente se despierta a un reino diferente de esperanza y posibilidades, un reino de cambio, propósito, presencia y adoración. Adoptamos una postura de rendición de modo que Dios pueda usar la alineación espiritual necesaria para sincronizarnos con su plan para nuestras vidas. Es después de rendirnos que Dios puede obrar sin nuestras interrupciones insensatas. Una advertencia: Dios *entrará* a las profundidades de su alma y en ocasiones eso pudiera ser muy incómodo.

Y los muros se derribaron

Puesto que yo tenía un destino y una misión que cumplir, Dios movió mi ser espiritual a un lugar de total incomodidad. Su voz parecía un trueno dentro de mi alma, y al mismo tiempo, era un bálsamo de esperanza. Su voz hablaba con consistencia hasta que me rendí a su invitación que decía claramente: "Mírate bien. Abre las puertas de esas habitaciones que has mantenido muy bien cerradas y déjame entrar y yo haré mi obra mayor".

¿Crees realmente que se trataba de las 30 libras que yo había ganado? Claro que no. Yo quiero llevarle a un nivel más profundo. Más allá de lo evidente. Quiero sacarle de lo que puede ver a simple vista. Quiero llevarle a esas esferas que no siempre son tan evidentes y obvias a primera vista.

A veces es más fácil evitar las cosas que no se ven que tener que ir a esos aspectos escondidos de nuestras vidas que albergan al culpable de nuestras dolencias y desalineación. Estoy hablando de esos lugares internos y no visitados que prosperan debajo de los títulos, las posiciones, los roles, las capas de ropa y las cosas materiales.

La verdad es que en un esfuerzo por lograr una victoria completa sobre los problemas y tener éxito en nuestra tarea, hay que lidiar con el espíritu, el alma y el cuerpo al unísono. Sin lugar a dudas esto fue difícil para mí. Primero tenía que reconocer que había interiorizado problemas que necesitaban salir a la luz y resolverse.

"¿En serio, Dios? Estoy bien. No necesitamos ir a ese aspecto", me quejaba yo a menudo. Pero ya que muchas veces a Dios no le conmueven nuestras quejas, protestas ni pataletas, él iba.

Permítame hacerle una confesión personal. No es fácil, pero lo voy a hacer. Tengo una personalidad a la que no le gusta mostrar vulnerabilidad. He pasado dolor y luchas y lo he escondido todo muy bien en mi propia gruta privada. Pensé que era una debilidad mostrar a cualquiera mi dolor, mis temores y luchas. Seamos realistas, soy una mujer cristiana llamada por Dios a ministrar a otros. ¿Cómo me atrevía a pensar que podía darme el lujo de mostrar vulnerabilidad, mi humanidad? No me daba permiso a mí misma para que otros vieran la fragilidad de mi alma. Construí muros que yo creía que eran vitales para que me respetaran, reconocieran y validaran como la persona que Dios me había llamado a ser. Necesitaba hacer saber a todos que yo era una mujer muy fuerte. Sin embargo, ¡la verdad es que esto era una fachada!

Permití que esta conducta influyera en muchos aspectos de mi vida. Estaba decidida a ser una torre fuerte para todos: los amigos, la familia, y el ministerio. Inevitablemente esto fracasó. A causa de mi propia ciudad cuidadosamente fortificada, la gente a mi alrededor no se atrevía a pararse en la puerta, mucho menos intentar adentrarse al lugar donde mi ser vulnerable, humano y emotivo residía. Así que en los momentos de dolor y angustia, me quedaba sola.

En un momento difícil de mi vida clamé a Dios: "Por favor, manda a alguien que ore por mí, que me escuche, que simplemente me pregunte si estoy bien".

Escuché una voz que me contestó: "Nadie va a venir. Le has anunciado a todo el mundo que no necesitas a las personas. Todo el mundo piensa que eres fuerte. Tienes todas las respuestas para todos tus problemas. ¿Acaso no es de eso de lo que te enorgulleces?".

Yo respondí: "No, no soy fuerte. ¿Alguien ve mi dolor, mi vulnerabilidad, mis luchas? ¡Yo también soy humana! ¿Qué he hecho? Oh, Dios, ¿qué he hecho?".

Esta dura realidad vino como una inundación tan fuerte como para que la pudiera contener.

Pero Dios

Dios me conocía. Dios, mi Creador, su Creador, nuestro Creador, conocía muy bien los problemas que herían mi alma. Su amor incondicional me envolvía, me abrazaba, me amaba y derrumbaba las paredes mi propia ciudad. Este templo necesitaba ser estudiado. Mejor aún, necesitaba reconstrucción.

Yo clamé como el salmista: "Señor, tú me examinas, tú me conoces" (Salmos 139:1). Dios conocía a mi verdadero yo. Ah, sí, "un abismo llama a otro abismo" (Salmos 42:7). Las profundidades de mi alma alcanzaban a la profundidad de la misericordia infinita de Dios. Desde las profundidades de mi abismo, el clamor de un alma desesperada penetraba los confines del engaño, haciendo que el cielo respondiera. La sabiduría tranquilizadora de la Palabra de Dios respondía: "porque cuando soy débil, entonces soy fuerte" (2 Corintios 12:10).

Me di cuenta de que tenía que tomar una decisión. O yo dejaba que el enemigo usara mi debilidad para confinarme a una telaraña enredada de engaño, o permitía que Dios fuera glorificado en mi debilidad y a través de ella, y transformara lo que pudiera haber sido en lo que sería. Escogí lo último. Permití que Dios reconstruyera el templo donde el Espíritu Santo pudiera morar libremente. Estaba decidida a que este cuerpo sería la casa del Espíritu Santo y cualquier cosa que impidiera que el Espíritu se moviera libremente en mi vida tendría que desaparecer.

Así que como ve, aquí no hay atajos. Dios trata íntimamente con nosotros. Cuando digo que él quiere sanar *todas* las esferas de nuestras vidas, me refiero a todas. Dios quiere llevarle al punto donde no quede nada intacto: espíritu, alma o cuerpo.

Avancemos un paso más.

Pneúma, psiquis, sóma

La Escritura se refiere a la persona completa como un ser viviente: espíritu, alma y cuerpo.

> Que Dios mismo, el Dios de paz, los santifique por completo, y conserve todo su ser—espíritu, alma y cuerpo—irreprochable para la venida de nuestro Señor Jesucristo.
>
> —1 Tesalonicenses 5:23

Todos, espíritu, alma y cuerpo, trabajan juntos de manera intrincada. Permítame establecer un fundamento en lo que se refiere al espíritu, alma y cuerpo. Es imperativo comprender sus funciones para que podamos entender la correlación y la interacción entre los tres.

Espíritu

- La palabra griega *pneúma*
- Características del ser humano que son espirituales
- Busca una relación con Dios así como con otros seres espirituales

Alma

- Palabra griega *psiquis*
- Implica los aspectos sociales y psicológicos
- Implica la voluntad, emoción y mente

Cuerpo

- Palabra griega *sóma*
- Concierne al aspecto físico de un ser humano
- Implica los sentidos: tacto, olfato, audición, vista y gusto

El Dr. R. E. Hawkins desarrolló aquello a lo que él se refiere como círculos concéntricos para describir las fuerzas que conforman el ser, en esencia nuestra personalidad. Conocí este modelo cuando trabajaba para obtener mi maestría en consejería profesional. Las implicaciones espirituales que este modelo tiene en un ser humano me cautivaron enseguida.

Entre los círculos sobresale el círculo más íntimo, que es donde reside el espíritu humano, y que reconoce que hemos sido hechos a imagen de Dios, y como tal, tenemos un espíritu. El espíritu en cada uno de nosotros anhela la comunión con Dios. El Espíritu Santo también reside en este círculo y por tanto, Dios está en el centro (o corazón) de la existencia humana.

Cuando la comunión se rompe por el pecado, el descuido o la desobediencia, comienza una batalla en la carne de uno, y eso provoca el caos en el hombre interior (o corazón).[1]

La realidad es que esto puede suceder a cualquiera de nosotros. No nos levantamos un día y nos decimos que vamos a descuidar nuestro cuerpo. No nos decimos que vamos a pecar, desobedecer y sentirnos miserables. ¡Claro que no! Lo que nos sucede es gradual. Comienza como un acto pequeño o un pensamiento.

Por ejemplo, yo iba a restaurantes con amigos y me daba el gusto de comer algo "para sentirme bien". (Al final, uno se siente de cualquier manera menos bien.) El problema no era el tipo de comida que escogía; yo era el problema. Comía ese tipo de comida demasiadas veces. Y cuando me di cuenta, entendía que había perdido todo sentido de autocontrol en lo que se refería a la comida. Mientras más comía, más quería. Mi carne celebraba. Yo me deleitaba en mi propia debilidad. La Escritura dice: "Como ciudad sin defensa y sin murallas es quien no sabe dominarse" (Proverbios 25:28). La disciplina de comer saludable dejó de existir. La verdad que comer me hacía sentir muy bien, ¡tan bien!

Una de las batallas más grandes que enfrentamos como seres humanos es la batalla constante contra la carne. El remedio para la victoria en esta batalla se encuentra en Gálatas 5:16–17: "Así que les digo: Vivan por el Espíritu, y no seguirán los deseos de la naturaleza pecaminosa. Porque ésta desea lo que es contrario al Espíritu, y el Espíritu desea lo que es contrario a ella. Los dos se oponen entre sí, de modo que ustedes no pueden hacer lo que quieren".

Cuando comencé el grupo privado "Aptos para su misión", me sorprendió la cantidad de mujeres que enseguida empezaron a publicar sus luchas con la comida y la falta de disciplina. Estas mujeres hablaban francamente de sus deseos de llevar a cabo su destino y propósito mientras estaban aquí en la Tierra. Sin embargo, no sabían por dónde empezar ni cómo lanzarse a una jornada para ganar sus batallas. Supe casi de inmediato que Dios había puesto en mis manos algo más grande que yo misma. Qué increíble es Dios que toma aquello que tiene el potencial para destruirnos: pensamientos erróneos, malos hábitos alimentarios y la incapacidad de reconocer la importancia de cuidar de nuestro templo, ¡y lo usa para los propósitos del reino! Al reconocer la necesidad que tenemos de la intervención de Dios, las puertas comienzan a abrirse para que Dios manifieste su gloria en nuestras vidas.

Desde el comienzo dejé claro que la visión de "Aptos para su misión" era más que estar en forma físicamente. Era más que hacer ejercicios y tener una dieta, sino que empezaría con estar aptos a nivel espiritual: "Entrénate para la sumisión a Dios. 'El entrenamiento físico es bueno, pero entrenarse en la sumisión a Dios es mucho mejor, porque promete beneficios en esta vida y en la vida que viene'. Esta declaración es digna de confianza, y todos deberían aceptarla" (1 Timoteo 4:7–9, NTV).

Muchos han descuidado sus cuerpos, sus corazones, sus mentes y su relación con Dios. Esto no solo aplica a las mujeres sino también a los hombres.

Éxito

No es difícil desviarse en un mundo caído. Así como implica el lema de la empresa Nike, "Just Do It" [Hazlo], tenemos una cultura sin barreras ni límites. El problema es que la Palabra de Dios es clara al establecer que ya no somos dueños de nosotros mismos pues hemos sido comprados por un precio (1 Corintios 6:19–20). Por lo tanto, estamos obligados a honrar a Dios con nuestros cuerpos. Nuestro templo tiene un propósito. Dios habita en nuestro templo. Su morada en nuestro cuerpo garantiza una vida próspera. No conozco a nadie que no quiera vivir una vida próspera. Con respecto a la prosperidad, no limito su definición solo a cuestiones materiales. Estoy hablando de prosperidad de la mente, el cuerpo y el espíritu.

Las personas exitosas tendrán éxito en todas las esferas de su vida. Una persona próspera es una persona que tiene favor. Tener favor de Dios es triunfar en todo lo que usted hace. José tenía una misión, y ya que contaba con el favor de Dios, todo lo que hacía prosperaba en sus manos. ¿Por qué? Porque el Señor estaba con él y garantizaba que todo lo que José hiciera prosperara.

Ser aptos para nuestra misión es cuestión de garantizar que cualquier don, talento, sueño, visión, tarea y misión que tengamos alcanzará su máximo potencial. Sobre todo, estar apto para su misión garantiza que todo lo que usted haga honre al Dios a quien usted sirve, el Dios que mora en usted. Por lo tanto, al cuidar de su cuerpo, usted está estableciendo límites y orden. Está garantizando que el templo esté limpio y libre de regueros y de todos los escombros del pasado. Significa que usted tiene control sobre aquello con lo que alimenta a su espíritu, alma y cuerpo.

No puede dar lo que no tiene

Hace algún tiempo conversaba con una joven encantadora. Ella empezó a comentarme que algunas de las limitaciones que tenía se debían fundamentalmente a problemas de salud. Le pregunté si creía tener el poder para cambiar sus circunstancias. Para asombro mío, dijo que sí. Sin embargo, lo que me dijo después fue todavía más sorprendente. Me dijo que sabía que podía cambiar algunas cosas en su vida que la ayudarían a mejorar y quitar algunas de sus limitaciones. No obstante, ella sentía que Dios la amaba independientemente de cualquier habilidad limitada. Dijo que era una persona feliz tal y como estaba, a pesar de sus circunstancias. Se me acercó un poco más y me dijo: "Honestamente, no quiero cambiar. Me siento bien así como estoy. Esto no tiene nada que ver con mi salvación así que estoy bien a pesar del estado de mi salud".

Aunque creía que ella era feliz y sin dudas que Dios la amaba, no podía irme sin dejarle saber que Dios quería darle mucho más.

Esta mujer es una de las adoradoras más hermosas y talentosas que he tenido el placer de conocer. Sin embargo, tenía un sobrepeso muy grande y como consecuencia tenía limitaciones que se había autoimpuesto. Le pregunté si sabía cuál era su tarea. Ella se detuvo y luego me miró y sonrío tímidamente, como si estuviera un tanto insegura.

Como su pastora y mentora, le pregunté si estaba dispuesta a embarcarse en una travesía que yo creía que produciría mayor grandeza en su vida. Sin dudarlo ella sonrió dispuesta y estuvo de acuerdo con aceptar mi invitación, incluso antes de saber lo que yo le presentaría. Le dije que quería que descubriera su propósito en la vida.

Su comportamiento cambió. Dudó. Su sonrisa desapareció por un momento mientras me miraba con intensidad sin articular una palabra.

Continué exponiéndole el desafío, le dije que quería que pasara tiempo en oración y le pidiera a Dios que le revelara su misión mientras estuviera aquí en la Tierra. "Cuando Dios te la revele, ven a verme", le dije yo.

No pasó mucho tiempo antes de que estuviera de vuelta en mi oficina con una respuesta. Dios le había revelado su misión.

Ella descubrió que como hija de Dios tenía sueños con respecto a su misión. Sin embargo, la vida había transcurrido. Por lo tanto, se olvidó de sus sueños y pasiones y se dispuso a vivir una vida de complacencia. Ella había decidido vivir la vida que su medio y circunstancias habían producido. Se había olvidado de las cosas que amaba. Pero todo estaba a punto de cambiar.

Ahora conocía cuál era su misión y de repente no quería verse más limitada. Estaba lista parece hacer los cambios necesarios que la prepararían para caminar en su misión. Le dije que no sería un proceso fácil pero que sin dudas valdría la pena. Mediante consejería, oración y disciplina, esta joven se lanzó a estar apta para su misión.

He visto los cambios en ella. Pero lo que más me ha impresionado es la convicción y la conciencia que tiene al abrazar cada día. Ella confesó que había maltratado y descuidado su cuerpo. Descubrió que su alma había estado privada del amor de su familia. Había sido traicionada y abusada. Por tanto, usaba la comida para llenar un vacío que solo Dios podía llenar.

Existen tantas historias similares de personas con templos que albergan dolor, traición, malos hábitos y trauma emocional. Escuche atentamente. Dios quiere cambiar todo esto. Dios quiere que sus hijos estén completamente aptos. Hay mucho más que Dios quiere hacer. Estoy convencida de que Dios está tocando los corazones de las personas. Y muy bien pudiera ser usted. Hay más, mucho más. No limite a Dios. Su cuerpo es un instrumento que Dios quiere usar. El tiempo de avanzar es ahora.

Tome tiempo para implementar estas medidas sencillas, pero profundas que le prepararán para que esté apto para su misión:

- Ore: Sea real con Dios. Cuéntele todo porque puede hacerlo. Él le ama de manera incondicional. Suéltese. Derrámese en su presencia.
- Lea la Palabra de Dios, la Santa Biblia: permita que la Palabra le dé la revelación para esta etapa de su vida.
- Escuche: Siéntese en silencio. Permita que Dios ministre a su hombre espiritual.
- Invítelo: Invítelo a morar dentro de usted. Clame al Espíritu Santo y abra la puerta de todas

esas habitaciones que ha mantenido muy bien cerradas. Permita que él encienda la luz y exponga todas las cosas. Él le llevará adelante.

Muy bien, ¿ya estamos en el templo? ¿Están encendidas las luces? ¿Puede usted ver claramente algunas de esas cosas que han entristecido al Espíritu Santo, aquellas cosas que le ha hecho perder la pasión y el celo por la vida, aquellas cosas que han mantenido dormida su misión? Muy bien, entonces lleguemos al meollo del asunto.

Una publicación del grupo de Facebook "Aptos para su misión"

Tuve una semana de comer por impulso emocional. Pero alabado sea Dios que no aumenté ni una libra. Dios me está enseñando tanto a través de este proceso. He llegado a entender que estar apta para mi misión no es una tarea fácil porque mi misión tampoco lo es. No puedo tratar esto como lo haría con algo viejo. Esto es precioso para Dios y por tanto lo es para mí. Él me está moldeando, santificando y procesándome para la misión que tengo por delante.

Reflexiones

El espíritu, alma y cuerpo tienen una gran influencia entre sí.

1. Su cuerpo es un templo del Espíritu Santo, ¿cómo cree que ha descuidado su templo?

______

______

______

______

2. ¿Con qué aspectos de este capítulo se puede identificar y por qué?

Capítulo 3

LLEGAR AL QUID DEL ASUNTO

> Sobre todas las cosas cuida tu corazón, porque éste determina el rumbo de tu vida.
>
> « PROVERBIOS 4:23, NTV »

HACE MUCHOS AÑOS estaba aconsejando a una joven que tenía apenas quince años y estaba luchando con asuntos muy arraigados. Además estaba encaminándose en la dirección equivocada y recibiendo la influencia de un ambiente negativo. La tentación estaba por todas partes. Se encontraba en una batalla espiritual, lista para sucumbir a su carne. Conocía la Palabra de Dios pero estaba inmersa en una guerra en la que se debatía entre la verdad que conocía y sus emociones en lo profundo de su corazón.

La escuchaba mientras me decía que alguien que la amaba y en quien confiaba le había aconsejado que siguiera su corazón. Yo sabía muy bien que mi papel no era el de juez. No estaba allí para desacreditar el consejo de otra persona. Además, si iba a seguir el consejo de su amiga, solo me quedaba orar para que el corazón de esta joven volviera a ser saludable y se alineara con la Palabra de Dios.

Aunque tenía la impresión de que estaba decidida a seguir lo que le decía su corazón, aproveché la oportunidad para darle un pasaje de las Escrituras que consideré apropiado: Jeremías 17:9: "Nada hay tan engañoso como el corazón. No tiene remedio. ¿Quién puede comprenderlo?". Cuando nuestra sesión terminó, oramos juntas y nos despedimos.

Un mes después de nuestra conversación, regresó a mi oficina. Esta vez vino con el corazón destrozado. Dijo: "Hice caso a mi corazón". Estaba desesperanzada, asustada, deprimida, enojada y lista para darse por vencida en la vida. Escuchar los resultados de su decisión fue muy devastador pero, no obstante, sabía que Dios iba a restaurarla.

Esta es la buena noticia: Dios es un Dios de segundas oportunidades. Dios no se da por vencido con nosotros. Sí, aquella joven tuvo que enfrentar consecuencias devastadoras, pero Dios le dio la fortaleza para hacerlo. Se levantó de los escombros del pecado y trató con los asuntos del corazón que prácticamente la habían llevado a la muerte. En la actualidad es una hermosa mujer casada con una hermosa familia y un ministerio. Está caminando en su misión porque volvió su corazón a Dios.

Entonces, ¿qué es aquello que debemos entender con respecto al corazón? Comencemos definiendo la palabra *corazón* desde una perspectiva bíblica y espiritual.

¿Sabía usted que la Biblia usa la palabra *corazón* más de novecientas veces? Según el *Nuevo Diccionario Bíblico Internacional*, el *corazón* se define como

- El lugar de los afectos
- El hombre interior
- El centro o la raíz de la existencia moral y espiritual de una persona[1]

Nuestra condición, lo que somos, lo que pensamos y lo que creemos, incluyendo nuestras emociones, surge dentro de las paredes de nuestro corazón. El corazón sí es importante y, si no tratamos cuidadosamente con él, potencialmente puede destruirnos. Cuando Dios comienza a tratar con nosotros va directo al corazón, a la raíz de todos los asuntos.

De modo que permítame preguntarle: ¿se ha hecho un chequeo del corazón recientemente? Me estoy refiriendo a su corazón espiritual, su pulso espiritual y sus latidos espirituales.

No hay nada malo en ir al trono de Dios para chequeos regulares. Usted sabe, la clase de visitas en las que le pide a Dios que revise su corazón. A decir verdad, yo no lo hacía con tanta frecuencia como debía. Estaba en un punto muerto, desde el punto de vista espiritual. Estaba estancada y no podía seguir avanzando.

Llame al 911. ¡Por favor!

La mujer maravilla

Verdaderamente creo que estaba al borde de un ataque cardiaco espiritual. Tenía todos los síntomas. Había comenzado con una incomodidad, una sensación de dolor. Algo simplemente no andaba bien. Pero, ¿qué era? Me encanta ser madre y esposa. Pastorear una hermosa congregación junto con mi esposo era un deleite (la mayoría de las veces). Estaba recibiendo invitaciones para hablar en conferencias. Todo indicaba que Dios estaba haciendo cosas maravillosas en mi vida. Entonces, ¿qué estaba haciendo yo que hacía que me sintiera de esa manera?

El dolor, la incomodidad y la inquietud no desaparecían. Progresivamente se desarrollaron y se convirtieron en una presión y una estrechez espiritual. Sin aliento y fatigada, pensé que podía ignorar los síntomas y así todas las sensaciones se disiparían. ¡Pero no! El Espíritu Santo estaba haciendo su trabajo de darme la convicción de que algo andaba muy mal. Los signos de alarma estaban por todas partes, pero yo no los veía.

Entonces un día Dios me atrapó en la privacidad de mi propio hogar. No me dejaba salir a ningún lugar. Ese día, cuando me miré al espejo y observé la realidad que tenía delante, todo se aclaró. Tenía la respuesta. Oh, estaba cumpliendo bien con la misión. Sin embargo, no estaba *apta* para llevar a cabo con éxito la misión. En realidad, era como estar al borde de un choque de trenes.

Estaba esforzándome mucho por ser la mejor esposa, madre, pastora, consejera y estudiante. Para mí esforzarme significaba avanzar, avanzar y avanzar. No detenerme. Dar todo lo que tenía. ¡Vamos, mujer maravilla, tú puedes hacerlo!

¿Y por qué no? Soy mujer. Soy fuerte. ¿No es así? ¡No! No se crea eso. Hombre o mujer, ¡no importa! Cuando nuestra dependencia de Dios es la fuente de toda fortaleza marca toda la diferencia. Cuando somos débiles, Dios es nuestra fuerza. Necesitaba que mi espíritu entendiera eso.

Te necesito, Señor

Si es cierto que nuestro corazón es el núcleo o el centro de mando de nuestros pensamientos, sistemas de creencias y apetitos, así como de nuestra existencia moral y espiritual, entonces era hora de que examinara cada uno de ellos cuidadosamente. No iba a hacerlo sola. Necesitaba a Dios. Necesitaba que Dios me revisara y me revelara la causa de mi mal y de mi confusión. Mi oración cambió de "¡Dame! ¡Quiero! ¿Lo harás?" a "Te necesito, Señor. Te necesito ahora, mañana y siempre". Mi súplica era: "Cambia mi corazón, Señor". Estaba orando sin saber qué área de mi corazón estaba enferma.

A medida que continuaba orando, algo comenzó a suceder. Todos mis sentidos se despertaron. Me vi expuesta y sentí mucha vergüenza. Recuerdo que una noche en particular, mientras hacía un acopio de valentía para autoanalizarme, empecé a hacer preguntas muy profundas y personales: "¿Sabes por qué haces lo que haces? ¿Cuál es tu motivación? ¿Es agradar a Dios o construir un nombre para ti misma?" ¡Espere! Esa última pregunta, ¿de qué se trata? ¿En serio? ¿Qué clase de pregunta era esa? ¡Por supuesto que hago lo que hago porque quiero agradar a Dios! Espere. ¿Quería Dios que examinara mis motivaciones? Por supuesto que sí.

Mientras buscaba la raíz de mis motivaciones, afortunadamente descubrí que verdaderamente quería agradar a Dios. Había una trampa: quería hacerlo a mi forma, al menos en ciertas áreas de mi vida. ¡Estaba escogiendo y decidiendo en vez de rendirme completamente! A veces Dios nos pedirá cosas que nos pondrán cara a cara con nuestros temores e ineptitudes. Dios no hace esto para atormentarnos. Más bien lo hace para liberarnos. Dios quiere que vivamos en la libertad que resulta de conocerlo a Él y, mediante ello, conocernos a nosotros mismos. Cuando lo conocemos nos acordamos de nuestra gran misión. Vivimos para servir, adorar y honrarlo a Él en todo lo que hacemos.

Hagámoslo a mi manera

Tengo una gran pasión por la Palabra de Dios. Cuando puedo hablarle a otros de la Palabra de Dios y de su amor, siento una alegría indescriptible. Sin embargo, hasta no hace mucho tiempo padecía de aerofobia, temor de volar. De modo que había decidido que si recibía invitaciones que requerían que viajara en avión, no las aceptaría. Prefería viajar en carro quince horas que subirme a un avión. Había decidido que nunca más volaría otra vez. Tuve una horrible experiencia en un vuelo de regreso de una conferencia y lo había decidido: ¡nunca más! Había puesto limitaciones a mi misión debido a mis propios temores.

Mientras más pensaba en volar, más miedo me daba. ¿Era esto parte del plan de Dios? Por supuesto que no. Había permitido que el temor estancara el plan de Dios para mi vida. Había llegado tan lejos que le había dicho a Dios que me sentía feliz llevando a cabo el ministerio desde donde estaba. No era necesario que abriera alguna puerta más allá de las quince horas que podía viajar en mi auto, o en algún lugar en este país o en el extranjero que requiriera tomar un avión. Le había asegurado a Dios que se lo daría todo, pero bajo mis propias condiciones.

Dentro de mí habitaba aquella niña de tres años, malcriada y desafiante, que insistía en salirse con la suya. Estaba gritando: "¡Va a ser a mi manera o no será!". Esto es lo que sucede cuando tenemos compartimentos empobrecidos espiritualmente y ocultos en nuestros corazones.

Jesús miró a una multitud en una ocasión durante su ministerio y dijo: "Si alguien quiere ser mi discípulo, tiene que negarse a sí mismo, tomar su cruz y seguirme" (Mateo 16:24). Necesitaba un ajuste en mi actitud. Mis acciones eran un reflejo de lo que había en mi corazón. Estaba comportándome como si Dios tuviera que hacer lo que yo decía. Según mi conducta, estaba negándome a llevar la cruz. Quería seguir a Dios a lo largo de todo el camino, pero lo de llevar la cruz... Bueno, dependía de cuán pesada fuera.

No podemos convencernos falsamente a nosotros mismos de que Dios se aparta y nos permite salirnos con la nuestra permanentemente. Al final de la jornada día, ¡Dios sigue reinando! Me viene a la mente la ocasión en que el pueblo de Israel estaba suplicando tener un rey. Querían ser como las naciones alrededor de ellos. No podían ver que habían sido escogidos para algo diferente. Tenían un rey. Dios era su Rey. A través del profeta Samuel, Dios estaba liderando a su pueblo.

Samuel empezó a tomar la demanda del pueblo de manera bastante personal. Se sintió rechazado pero el Señor le aseguró que esto no se trataba tanto de él como de sí mismo, del Señor. Las personas habían rechazado al Señor como su Rey. Habían permitido que otros dioses reinaran en sus corazones. Habían vuelto los ojos a los deseos terrenales.

El Señor le dijo a Samuel que atendería su petición y les daría exactamente lo que habían pedido. Pero dijo: "Adviérteles claramente del poder que el rey va a ejercer sobre ellos" (ver 1 Samuel 8:9). ¿Acaso cree que las personas de Israel, luego de escuchar la advertencia, cambiaron de idea? ¡No! No lo hicieron. Mire, sus corazones se habían alejado de Dios. No estaban mirando las cosas eternas.

Yo había permitido que el temor reinara en mi corazón. Ahora se estaba ejerciendo poder sobre mi vida. El temor había reajustado mi misión para acomodarse y seguir siendo el rey. Cualquier cosa o persona que rija en su corazón reinará sobre su misión.

Creo que he dejado este punto claro. No estaba haciendo lo correcto y ciertamente no estaba apta para continuar en mi misión hasta que ocurriera un avivamiento espiritual en mi ser interior.

En su libro *Desiring God's Will* (Desear la voluntad de Dios), David Benner habla de dos reinos: el reino del yo y el reino de Dios.[2] Afirma que una persona vive ya sea en el reino del yo o en el reino de Dios. Nadie vive en ambos. Hay que renunciar a uno de los reinos para obtener el otro. El problema es que es mucho más fácil poner la confianza en aquello que uno cree que conoce que en aquel que lo conoce a usted y que tiene su futuro asegurado en la palma de sus manos.

Yo estaba familiarizada con el temor. Cuando aquel avión bajó miles de pies en un instante, prácticamente perdí el aliento. En mi memoria estaba fresco aquel sentimiento de temor. Ciertamente pensé que el avión se caería. Recuerdo que pensé: "No quiero morir así". Recuerdo las expresiones de pánico en los rostros de los otros pasajeros así como el silencio de todas las azafatas a bordo. Pensé: "No he cumplido totalmente mi misión. ¿Por qué me voy a ir ahora?".

Bueno, todavía estoy aquí, pero el temor también permaneció profundamente enraizado en las fibras del banco de mi memoria y pensó que reinaría durante algún tiempo, durante mucho tiempo. El temor se convirtió en una fuerza tan grande que durante años bloqueó mi memoria a todo lo que había sucedido aquel día.

Mire, luego de quince minutos de pánico absoluto, cogí la Biblia que llevaba conmigo y comencé a orar desesperadamente. Le pedí a Dios que calmara mi alma, que me hablara. Así lo hizo. Fue como si alguien volteara las páginas de mi Biblia hasta colocar Proverbios 3:25–26 justo delante de mis ojos. "No temerás ningún desastre repentino, ni la desgracia que sobreviene a los impíos. Porque el Señor estará siempre a tu lado y te librará de caer en la trampa". En ese momento mi corazón inmediatamente se alineó con la Palabra de Dios. La turbulencia se detuvo y el resto del vuelo fue como si el avión estuviera viajando en la palma de la mano de Dios y Dios mismo lo estuviera llevando hacia su destino.

Entonces, ¿qué sucedió? ¿Por qué no me subí a otro avión durante más de seis años después de aquello? Alimenté mi temor. Regresé a casa y en vez de testificar de la providencia de Dios sobre mi vida, estaba más interesada en alimentar el temor que había intentado apoderarse de mí. Lo alimenté hasta que se hizo más grande que el milagro que había experimentado.

Durante años, en vez de hablar acerca de la convención de mujeres a la que había asistido, la experiencia que había intentado interrumpir mi misión y el milagro del que había sido testigo, hablaba sobre el trauma y el temor que seguía permitiendo que plagara mis emociones. No obstante, Dios quería recordarme que, a pesar de lo que viniera para atacarme, estaría a salvo en sus brazos.

Uno de los dichos favoritos de mi esposo es: "Si lo alimentas, crece; si lo dejas morir de hambre, se muere". Yo había dejado morir de hambre al milagro y había alimentado al temor. Me tuvo cautiva durante más de seis años. Pero no más. Tuve que tomar una decisión. Finalmente decidí que me *alinearía* con Dios. Decidí que en todas las circunstancias volvería mi corazón a Dios. Ahora tengo un nuevo temor: el temor del Señor. Este temor me motiva a buscarlo cada día y a guardar sus mandamientos.

Escoja sabiamente

Cuando uno toma la decisión de volver el corazón a Dios con absoluta confianza y dependencia, se produce un cambio total. Cuando esto está afianzado en su espíritu se hace evidente en las transacciones de la vida. También significa que hay que tomar una decisión: ¿a cuál señor servirá? La Biblia dice: "Nadie puede servir a dos señores" (Mateo 6:24). Todos tenemos que decidir. ¿Vamos a servir al yo o vamos a servir a Dios? De una cosa estoy segura, no podemos servir a ambos.

Me estaba comportando de acuerdo a la condición de mi corazón, que no estaba tan bien como yo pensaba. Se había afectado por las experiencias personales, las pérdidas, las pruebas, las tribulaciones y las traiciones. Además, el *yo* quería reinar junto con Dios. Todo esto resultó en un corazón desordenado. Confieso que también había áreas que estaban endurecidas. Sin embargo, los planes de Dios son tan extraordinarios que envía a su Espíritu Santo para conmovernos, convencernos y despertarnos a nuestra cruda realidad. Dios hace esto solo para dejarnos saber su maravilloso plan para nuestras vidas. Nuestra limitada capacidad humana nunca comprenderá las profundidades del amor de Dios por nosotros.

Permítame decirle algo más.

Acerca de mis hábitos alimenticios...Bueno, solo digamos que esta era una de las áreas más difíciles de cambiar que tuve que confrontar. Durante una época de mi vida no veía un problema en eso. Fue así hasta que el Espíritu Santo puso su dedo en mis hábitos alimenticios. Me mostró que mi falta de control estaba causando estragos en mi cuerpo físico, y por ende, afectando mi habilidad para avanzar en mi misión. Me ayudó a darme cuenta de que si no hacía algo, mi falta de control iba a afectar mi habilidad para continuar cumpliendo en propósito de Dios para mi vida.

¿Cuán efectiva podía ser si estaba enferma, cansada y sin

salud? No solo sufriría yo, sino que también sufrirían mis hijos, mi esposo y todas las personas a las que había sido llamada a servir. Esto era una mala mayordomía de mi parte. Me hice el propósito de monitorear mis hábitos alimenticios para ver si podía llegar a la raíz del problema.

Después de conducir mi propio experimento personal y estudiar mis patrones de alimentación, llegué a la conclusión de que comía por estrés. Esto significa que comía más cuando estaba bajo mucho estrés. Las demandas de la rutina diaria, de las responsabilidades del ministerio, de la escuela y de la vida, todas ellas contribuían a mis altos niveles de estrés.

El Señor lo reveló todo. El Espíritu Santo estaba trabajando activamente en mi vida. Cuando reflexiono en mi viaje, me convenzo de que no tenía elección. Esa era la forma en que iba a ser. Le pertenezco a Dios y mi corazón no iba a encontrar descanso hasta que estuviera en las manos de su justo dueño.

Mientras más buscaba a Dios, más se revelaba Él. Sabía quién estaba a cargo ahora y no era yo precisamente. Mis deseos, pasiones, prioridades y apetitos habían cambiado. Anhelaba a Dios más que nunca. Estaba satisfecha. Estaba en paz. Mi corazón estaba tranquilo. En *Confesiones* San Agustín escribe: "Nos hiciste para ti, oh Señor, y nuestro corazón estará inquieto hasta que descanse en ti".[3]

Podía escuchar a Dios diciéndome: "Te quiero para mí". Dios quería que yo lo deseara a *Él* más de lo que deseaba a cualquier otra cosa. Me dediqué a buscar a Dios sin esperar nada a cambio. Dejé de ir al trono de Dios con una lista de "cosas por hacer" que solo me beneficiaba a mí. De hecho, mi oración a Dios se convirtió más en algo así como "¿Qué puedo hacer por ti?". Lo dejé todo y rendí mi voluntad humana.

Como terapeuta y ministra, me han invitado a espacios protegidos, personales y sagrados. He escuchado confesiones e historias que han marcado mi vida para siempre. He aprendido a respetar a aquellos que han soportado tribulaciones que van más allá del alcance de la comprensión humana. Así que cuando hablo de los asuntos del corazón, estoy consciente de las cicatrices que dejan el abuso, las adicciones, la traición y las pérdidas que han endurecido los corazones de muchos individuos. No obstante, he visto cómo el poder de la Palabra de Dios ha transformado corazones que han estado sangrando y que han sido abandonados a un lado del camino, sin esperanza de vida. He sido testigo de la resurrección de corazones que estaban espiritualmente muertos. He visto a hombres y mujeres que una vez estuvieron sin esperanza clamar a Dios y experimentar la vida como si nunca hubieran vivido antes. He sido testigo de lo que sucede en ese momento cuando el soplo de Dios satura la propia esencia de su existencia.

Es triste reconocer que algunas personas se han acostumbrado a su forma de vida. Algunos han reemplazado la paz de Dios con enojo y contiendas. Otros han reemplazado el amor por el odio y el perdón por el rencor. Con cada uno de esos intercambios, el corazón se enferma cada vez más.

El eco de un espíritu quebrantado

En cierta ocasión vino una señora a mi oficina en busca de consejería. Desde el mismo instante en que entró me di cuenta de que estaba consternada. Luego de las formalidades iniciales, la invité a que me comentara el motivo de su visita. Enseguida que comenzó a hablar supe que estaba lidiando con una mujer herida y enojada a quien su esposo había traicionado. La había dejado con un niño que debía criar sola. Aquella mujer que estaba sentada delante de mí tenía el espíritu quebrantado. Su estado interior era evidente en sus manifestaciones físicas. Estaba enfurecida. Su tono reflejaba la profundidad de su dolor. Tenía un espíritu de venganza y estaba decidida a contraatacar. Su dolor era como un fuego que consumía cualquier atisbo de razonamiento. Había alimentado tantas emociones físicas que se había enfermado físicamente. Había descuidado su vida espiritual y se había entregado a los deseos terrenales. Le había entregado el corazón de manera absoluta y total a su esposo y había dejado de cuidar su ser espiritual. Su identidad estaba en el hombre que amaba. Cuando las paredes se derrumbaron, no tenía defensas espirituales. Necesitaba la intervención divina.

Luego de aproximadamente treinta y cinco o cuarenta minutos de haber empezado nuestra sesión, hizo una pausa. El silencio inundó la habitación. La presencia de una fuerza más grande y más poderosa que los ecos de su desesperación llenó la habitación con esperanza y paz. Era evidente que la presencia de Dios estaba allí. Fue haciendo añicos cada fragmento distorsionado mientras aplicaba anestesia a un alma agonizante.

Después de lo que pareció una eternidad (en realidad cerca de dos o tres minutos), rompió el silencio con lágrimas. Dijo: "Esta no soy yo realmente. No soy una persona malvada. Estoy aquí porque necesito a Dios".

Bueno, respiré aliviada. Sus palabras fueron como música a mis oídos. Conversamos un poco más y oramos juntas.

Cuando salió de mi oficina, lo hizo con su corazón vuelto hacia Dios. Se rindió a Dios aquella tarde y llevó todas sus cargas a los pies de Jesús.

No sé lo que sucedió con ella después, pero sí sé lo que sucedió ese día. Un espíritu quebrantado fue restablecido y la desesperación se convirtió en confianza. Salió de allí con una confianza que le hacía estar segura de que lograría salir adelante siempre y cuando dependiera de Dios. Sí, saldría de los escombros de la desesperación. Rendirse era todo lo que necesitaba para cambiar el lamento en baile. Vino enfurecida pero se fue empoderada.

No hay otra manera que no sea la manera de Dios si quiere que su corazón esté apto. Puede que no podamos controlar las influencias externas. Puede que no podamos impedir que las personas nos traten de una forma determinada. Puede que haya algunas experiencias que simplemente tendremos que enfrentar. Tendremos que soportar pruebas y recoger los pedazos rotos. Nuestra respuesta, nuestra reacción y nuestra voluntad de hacer lo correcto es lo que nos separa del resto.

No es fácil pero esto fue lo que el Señor me mostró: primero, tiene que tomar la decisión en su corazón de permanecer firme en Cristo. Esto solo es posible a través de una relación con Él. Tiene que ser una relación íntima, no una relación superficial. Su misión y su senda permanecerán estables cuando usted lo reconozca en todos sus caminos. Cuando hay intimidad, hay un deseo intenso por más. Se dará cuenta de que quiere más de Dios y, al querer más de Dios, querrá más de todo lo que Dios tiene para usted. Más de Dios significa menos de usted.

Luego, tiene que renunciar a todos los planes e ideas que son fruto de sus deseos carnales. Tiene que rendirse. Rendirme a Dios me produjo una paz absoluta. Después de rendirme, nunca más tuve que preocuparme por mis resultados. Dios tenía los resultados en sus manos.

He tomado la decisión de no cuestionar todo aquello que Dios quiera hacer en mi vida. Haré cualquier cosa que me pida. Preocuparme por tener los recursos adecuados o las conexiones necesarias es irrelevante. De hecho, mis deseos han cambiado completamente. Las cosas que pensaba que eran importantes se han hecho menos importantes.

Me di cuenta de que cuando Dios comenzó a abrir puertas, todo lo que tenía que hacer era rendirme a su plan y Él supliría todas mis necesidades. La rendición y la obediencia caminan de la mano. Dependen la una de la otra. No pueden existir solas. Mi obediencia a Dios destruyó mi arrogancia. ¡Alabado sea Dios!

Las personas arrogantes se sienten demasiado importantes como para disculparse, admitir sus errores, o asumir cualquier responsabilidad cuando han obrado mal. Dios derribó esa torre desde el mismo comienzo de mi proceso hacia la integridad.

Mientras estoy escribiendo, me resulta difícil creer que haya habido una época en mi vida en la que escondía todas esas cosas en mi corazón. La gracia y la misericordia de Dios son inmensas.

Tendemos a creer que, porque tenemos títulos y posiciones y hemos tenido oportunidades de ver un destello del favor de Dios sobre nuestras vidas, podemos salirnos con la nuestra y tener una mala conducta. ¿Quiere saber cómo caía en ciertas conductas y evadía la convicción? Justificando mis acciones.

Permítame darle una versión no teológica de *justificación*: "Un hecho o una circunstancia que demuestra que una acción es razonable o necesaria". Sí, más o menos así es como yo operaba. Mientras más veces lo hacía, más pensaba que estaba haciendo lo correcto. Quiero decir, enfrentémoslo, ¿acaso no nos han enseñado a creer que los títulos nos proveen los medios para decir lo que queramos cuando queramos?

¡Qué absurdo! Si queremos ver el cambio y experimentar un avivamiento tanto personal como corporativo, vamos a tener que cambiar nuestro modo de pensar y nuestras relaciones con otros seres humanos. Tuve que rendirme *completamente* a Dios. No tome la palabra *completamente* a la ligera. Completamente es dar absolutamente todo de uno y dejar que solo Dios reine. Significa rendir completamente sus conductas, ideas, planes y temores, todos ellos, hasta que no quede nada de usted. ¿Es fácil? No. Pero permítame animarlo. Puede que rendirse no resulte tan difícil como se imagina, si puede confiar en Dios lo suficientemente como para soltarse.

"¿Y qué viene luego, Reina?", puede que pregunte usted. "Estoy dispuesto a rendirme. Vamos. Dígame. ¿Qué viene luego?".

Aquí está.

Tome su cruz.

¿Está listo para negarse a sí mismo por amor a otros? ¿Está listo para renunciar a sus intereses y asumir los intereses de Dios? ¿Está listo para traer un sacrificio diario al altar de su alma y permitir que se consuma y se derrita para agradar a Dios?

¿Está listo para dejar morir de hambre a aquellas emociones y asuntos del pasado que lo han mantenido cautivo, confiando en que Dios se ocupará de sus asuntos mientras usted se dedica a cuidar de otros?

¿Está listo para cambiar sus temores por valentía y caminar hacia lo desconocido, desconocido para usted, pero conocido para su Creador?

Aún hay más.

En el momento en que se produce un intercambio total y una rendición a Dios, su deseo de conocerlo a Él aumenta y nace una nueva relación. Una relación con Dios basada en la adoración, que a menudo se adentra en un nuevo reino, desnudo y sin sentir vergüenza. Se sentirá seguro en su presencia. Sentirá deseos de orar porque quiere escucharlo a Él. Su alma anhelará permanecer en su presencia. Esto será posible a través de la oración. Comprenderá que está conectado a un cuerpo, a una comunidad. Experimentará un sentido de pertenencia, mérito y valor cuando sirva a otros. Ya no se tratará de complacerme "a mí" sino de complacerlo a Él. Adquirirá un sentido de conexión y de preocupación social, que son indicadores de salud mental y espiritual.

Cuando usted dependa totalmente de Dios, independientemente de lo que se le presente en el camino, de cuán duras sean las tormentas y cuán severo el dolor, nunca jamás se rendirá a otros dioses. No se rendirá a los dictadores internos ni a las influencias externas. ¡Nada lo separará del amor de Dios!

Cuando usted desarraiga la raíz de todos los asuntos de su corazón, está haciendo espacio para que Dios muestre el poder de su Palabra, lo que producirá un hombre o una mujer conforme al corazón de Dios. El rey David no era un hombre perfecto. Tuvo que enfrentar muchas cosas y soportar bastante. No obstante, continuó avanzando en su misión porque era un hombre conforme al corazón de Dios (ver Hechos 13:22). Su vida de adoración, de devoción y de servicio le proveyó la convicción necesaria para lidiar con sus asuntos. Tenía un temor que lo acercó a Dios en vez de alejarlo. Reverenciaba a Dios. Sabía cómo levantarse y salir de las aguas que intentaban ahogarlo. ¡Muchas veces fue derribado pero nunca destruido! Estaba anclado en el Señor, en quien había puesto toda su confianza. Sufrió depresión, ansiedad y dolor, todo ello por sus malas decisiones. No obstante, sabía a dónde volverse y clamaba: "¿Por qué voy a inquietarme? ¿Por qué me voy a angustiar? En Dios pondré mi esperanza, y todavía lo alabaré. ¡Él es mi Salvador y mi Dios!" (Salmo 43:5).

Escúcheme. Permítame imprimir esto en su espíritu. Tenga la seguridad de que cuando su corazón esté alineado con Dios, habrá armonía. Cuando se ha propuesto guardar su corazón porque sabe que de él fluye la vida, no hay dolor que no pueda soportar, no hay sueño que no pueda alcanzar, no hay batalla que no pueda ganar y no hay misión que no pueda completar.

¡Si su vida es importante, entonces su corazón es importante!

¿Se siente identificado con alguna de estas oraciones?

1. Me consume el deseo de encontrar formas de hacerme feliz.

2. Siento la necesidad de probar mis habilidades y mi fuerza a otros.
3. A menudo pienso en aquellos que me han herido y eso me entristece o me enoja.
4. Me rindo a los sentimientos y a las emociones que vienen a mí con una fuerza abrumadora: el enojo, la contienda, el conflicto…
5. No puedo olvidar el pasado, pero eso no es un problema. Puedo vivir con él. No me afecta.
6. No necesito pasar tiempo con Dios cada día. Él sabe que lo amo.
7. Los placeres simples de la vida me hacen muy feliz, cosas materiales tales como los autos, las casas y los placeres terrenales…
8. Serviré a otros después de que me sirva a mí mismo. Eso es lo correcto.
9. No me obsesiona el deseo de hacer siempre lo correcto. Dios sabe que soy humano.
10. Tengo un deseo mayor de triunfar que de rendirme.

Una publicación del grupo de Facebook "Aptos para su misión"

A veces siento que todas estas bendiciones que he recibido son solo un sueño…pasé de ser nadie a ser alguien, simplemente al entregar mi corazón a Jesús. Mi corazón le pertenece a Él. Gracias, Jesús. Jamás quiero que sea de otra manera.

Reflexiones

Cuando Dios trata con nosotros, va directo al corazón.

1. ¿Existen algunos asuntos en su corazón que quiere entregarle a Dios para permitirle que trate con ellos?

2. Después de leer este capítulo, si pudiera escribirle una carta a Dios, ¿qué escribiría?

Capítulo 4

TODO ES CUESTIÓN DE ELECCIÓN

> No se engañen: de Dios nadie se burla. Cada uno cosecha lo que siembra. El que siembra para agradar a su naturaleza pecaminosa, de esa misma naturaleza cosechará destrucción; el que siembra para agradar al Espíritu, del Espíritu cosechará vida eterna.
>
> « GÁLATAS 6:7–8 »

CADA DÍA COMIENZA con opciones. Tomamos decisiones desde el mismo momento en que nos despertamos hasta el momento en que terminamos nuestro día. Elegimos lo que vestimos, cómo nos peinamos y lo que comemos. En la vida elegimos el carro que conducimos, la casa en que vivimos y las personas que decidimos tener como amigos. Vivimos en una sociedad de opciones, el derecho de elegir y el poder de elegir una alternativa. La variedad está en todas partes: colores, sabores, formas y marcas. La lista es interminable. Estamos tan acostumbrados a tomar decisiones que las hacemos según se necesite, a menudo sin pensarlo dos veces. ¿Y si le dijera que las decisiones que toma a diario podrían acelerarlo, retrasarlo, llevarlo al lugar más grande de su vida o hacerle descender al hoyo más bajo?

La cultura en que vivimos nos dice que las elecciones son una parte de nuestros derechos. Pero espere. ¿Hemos olvidado que unidas a esas decisiones están las consecuencias? Para cada elección que hacemos hay una consecuencia. Cada día nos despertamos a las consecuencias de las decisiones que hemos tomado a lo largo de nuestra vida. Para algunas personas esto es una buena noticia. Para otros es una realidad dolorosa que enfrentar. No puedo dejar de pensar en las muchas personas que me han dicho que si tuvieran la oportunidad de hacer algunas cosas de nuevo harían elecciones muy diferentes.

Las decisiones que toma en la vida deben provenir del amor que tiene a Dios, junto con el deseo de caminar en obediencia a Él. Debe haber un deseo genuino de abstenerse de cualquier cosa que pudiera poner en peligro la relación que tiene con Dios.

Me acuerdo de una mujer divorciada que conozco que ha sufrido decepción tras decepción durante toda su vida. Admiro su espíritu. Ella ama a Dios con todo su corazón. Ella sirve a Dios y a los demás incondicionalmente. Después de estar sola por años conoció a alguien y comenzó una relación. A lo largo de su relación continuó siendo fiel a Dios y al llamado de su vida. Tuvo cuidado de no entristecer a Dios con cualquier acción que pudiera obstaculizar su misión.

Un día se acercó a mí para compartir algunas preocupaciones. Después de notar algunas señales de alerta, se sentía como si necesitara volver a evaluar el futuro de esta nueva relación. Había discrepancias en el carácter del hombre que no podía ignorar. Estaba en una encrucijada y tenía que tomar una decisión. Podía ignorar lo que el Espíritu dentro de ella le estaba revelando y optar por seguir los deseos de su carne o podía alejarse del hombre con el que planeaba pasar el resto de su vida, confiando en que el Espíritu Santo estaba advirtiéndole, convenciéndola y evitando que sucediera un desastre. Decidió terminar la relación, confiando en que Dios le estaba dirigiendo y que velaba por ella. Comprendió que su futuro y su destino serían tan buenos o tan malos dependiendo de las decisiones que tomara.

Cada uno debe tener una brújula moral que le ayude en el proceso de tomar decisiones. Para mí es la Palabra de Dios. La Palabra de Dios provee las instrucciones que necesito para conducirme y vivir una vida que le agrade. La Palabra de Dios es una "lámpara a mis pies" (Salmos 119:105). Dondequiera que voy y cada decisión que tomo, junto con todas mis convicciones, son el resultado de la Palabra de Dios en mi vida. Sin embargo, hubo una época en mi vida en que no era así.

Voy a ser transparente. He hablado de las treinta libras que subí en un corto período de tiempo. Supe que había subido de peso cuando fui al médico para un chequeo de rutina. Yo no sé ustedes, pero me niego a subirme a una pesa hasta que me quito los zapatos, aretes, chaqueta, suéter y cualquier otra cosa que pueda añadir peso. Francamente, las pesas me asustan más que ir al dentista para una endodoncia. En particular, esas pesas digitales que ponen su peso con letras grandes para que toda la oficina lo vea. Esas pesas me aterrorizan. No podía creer lo que veía. Sin duda, eso era un error. ¿Cómo pude haber subido treinta libras?

Al parecer, tenía problemas más grandes que el mero cambio en la apariencia que el peso extra había causado. Había riesgos potenciales para la salud que debía considerar. ¿Realmente pensé que podría seguir comiendo todas esas comidas nocturnas y no pagar las consecuencias? ¿Pensé que mis malos hábitos alimenticios no producirían resultados negativos? Bueno, la verdad es que nunca me tomé el tiempo para reflexionar sobre el alcance de las posibles consecuencias. ¿Y qué decir sobre el hábito constante de comer fuera en vez de disfrutar de una buena comida casera, una donde pudiera controlar el tamaño de las porciones y los ingredientes que iba a utilizar? ¿Mi justificación? Estaba demasiado ocupada y era más factible que otra persona cocinara, ¿verdad? No. Por supuesto que no. Si yo hubiera tomado el tiempo para poner en práctica una adecuada planificación hubiera podido preparar comidas saludables en casa. La verdad permaneció: No tenía excusa.

Espere un minuto. Esto no solo se trataba de mí. Había arrastrado conmigo a mi familia. Ellos también habían sido afectados. Yo estaba conduciendo un carro lleno de pasajeros a quienes amaba a un paraíso de comida chatarra. Por otra parte, estaba descuidando mi tarea como madre. Estaba fallando en proporcionar una buena orientación y hábitos alimenticios saludables. No tuve discusiones abiertas acerca de cómo nuestros cuerpos son templos del Espíritu Santo. ¿Cuándo dejé de creer que esto era importante? Hubo un tiempo en que yo estaba consciente de estas cosas. En algún lugar durante el viaje, perdí de vista del gran plan que Dios tenía para mí y comencé a vivir sólo para vivir el momento.

El Espíritu Santo trató conmigo. Era parte del proceso de alineamiento. Dios no iba a dejar de remover ninguna piedra y lo acepté. Usted ve, si nos vamos a mover en la plenitud de todo lo que Dios tiene para nosotros, no podemos resistirnos al proceso. Es imprescindible comprender que si vamos a vivir una vida con propósito y vivir verdaderamente *en* el propósito, tenemos que estar dispuestos a dejar que Dios nos pode como un jardinero poda sus preciadas rosas. La poda elimina todo tipo de hábitos, malicia, ira, amargura, falta de perdón y todo lo que se interpone en el camino de nuestra misión. La poda es necesaria porque es medicina para el espíritu, el alma y el cuerpo.

Llegué a la conclusión de que en cualquier condición que mi espíritu, alma y cuerpo estuvieran era resultado de las elecciones que había hecho. Reconozco que esto puede ser difícil de admitir, pero cuando hacemos este tipo de reconocimiento, nos responsabilizamos por la condición en que estamos.

Asumir la responsabilidad significa que nadie más tiene la culpa. Nadie tiene la culpa por el resultado, excepto la persona que hace las elecciones. *Yo* elegí comer comida chatarra. *Yo* elegí hacer ciertas cosas a mi manera en vez de depender de la sabiduría de Dios. *Yo* estaba cosechando lo que había sembrado. Me sentí muy mal.

Cuando la convicción golpea el corazón, despierta sus sentidos espirituales. Sabía que mi forma de comer era el resultado de un problema mayor. Sentí el peso de mis decisiones sobre mí en más de un sentido. Había enviado mensajes contradictorios a mis hijas. No había establecido límites. Ahora tenía que decidir si me revolcaba en mis consecuencias o me levantaba y hacía los cambios necesarios. Decidí levantarme y lo hice sin más demora.

A veces la mejor solución es hacer frente a la situación en vez de sentarse derrotado preguntándose quién, qué, cuándo, dónde y cómo. De inmediato hice cuatro cosas que creo le pueden ayudar a usted si se encuentra en una situación similar:

1. Levantarse
2. Crucificar la carne
3. Mantenerse firme a la Palabra de Dios
4. Estar en movimiento

Levántese

> Pero tú les advertirás que así dice el Señor: "Cuando los hombres caen, ¿acaso no se levantan? Cuando uno se desvía, ¿acaso no vuelve al camino?"
>
> —Jeremías 8:4

Lo que más quiere el enemigo es mantenerlo en la culpa y el arrepentimiento. Si usted permanece en su condición actual y permite que las consecuencias de las malas decisiones determinen el resto de su vida, nunca va a caminar en las promesas que Dios tiene para usted. Todos hemos perdido el punto de referencia en algún momento de nuestras vidas. ¿Significa eso que la misión de su vida ha sido cancelada y que debe rendirse?

¿Debe usted renunciar a tener buenas relaciones porque una relación falló?

¿Va a dejar de confiar en la gente porque hubo personas que dejó entrar en su vida y le traicionaron?

¿Va a renunciar a usted mismo porque no se puede imaginar cómo va a recuperarse de las decisiones y las elecciones que ha hecho?

¡Por supuesto que no! No se atreva a rendirse ahora. ¡Levántese! Limpie sus lágrimas. Tranquilícese. Mantenga sus ojos en la visión que está delante de usted y confíe en que Dios le está guiando en la dirección correcta. La única manera de levantarse rápido es bajar rápido. Póngase de rodillas y pídale a Dios que le vuelva al camino que Él ha escogido para usted. Dios también hizo una elección cuando lo eligió para una misión en particular. Él lo creó, puso grandeza dentro de usted, colocó su mano sobre usted y lo ungió. Dios lo apartó para su misión. Él lo eligió de entre toda la gente en este vasto universo. Usted ha sido creado para algo tan extraordinario y tan específico que sólo usted puede hacer. Juan 15:16 dice: "No me escogieron ustedes a mí, sino que yo los escogí a ustedes y los comisioné para que vayan y den fruto, un fruto que perdure".

Me puse de rodillas. Fui al Señor en oración y súplica. Me arrepentí de todas mis decisiones equivocadas y por descuidar esas áreas específicas de mi vida. Además, me arrepentí de usar la comida como una muleta en vez de acudir a Él en busca de apoyo y comodidad. Quería que Dios me guiara en cada paso del camino. No podía cambiar mi pasado, pero iba a cambiar mi presente para que mi futuro diera su fruto.

Me miré en el espejo y visualicé una mente sana, un corazón sano y una mujer decidida con propósito. Rechacé cada pensamiento automático que no estaba alineado con la Palabra de Dios y no permití que hiciera su morada en mi corazón. Estaba lista. Estaba decidida.

No más una espectadora

Nuestra iglesia se estaba preparando para hacer un ayuno de Daniel, y por primera vez en años decidí participar. Leyó correctamente. Antes de eso yo ponía cualquier excusa para no ser parte del ayuno. Pero este año fue diferente. Esta vez había decidido en mi corazón que aceptaría todo lo que me atrajera más a Dios y alineara mi vida a su propósito.

Crucificar la carne

> Así que les digo: Vivan por el Espíritu, y no seguirán los deseos de la naturaleza pecaminosa.
>
> —GÁLATAS 5:16

No piense ni por un segundo que usted puede negociar con su carne. La carne no es sumisa. Nunca está satisfecha. La carne es un enemigo para el hombre espiritual y siempre está en guerra. La única manera de detener la carne es crucificarla o ella le crucificará a usted. Todo el mundo batalla con la carne, incluyendo a los cristianos. El alineamiento con Dios determinará el resultado de la batalla entre el espíritu y la carne.

Al caminar en el espíritu, su alma se nutre y empieza a producir frutos.

Déjeme que le cuente cómo sabe que su espíritu está alineado y que su corazón se vuelve hacia Dios: el espíritu se para firme en la puerta de su templo observando y esperando. Cuando surgen los deseos y apetitos carnales, y van a surgir, el espíritu se levantará dentro de usted y comienza la guerra entre la carne y el espíritu. Esta es la buena noticia.

Cuando el Espíritu de Dios está comprometido, es el trabajo del Espíritu evitar que los deseos de la carne entren a su templo. Cuanto más se nutre su espíritu, más fuerte se hace, lo que reduce el poder que la carne tiene sobre usted. La carne dice: "Yo puedo hacer lo que quiero hacer. Es mi cuerpo". El espíritu responde: "No, no puedes hacer lo que quieras. Tu cuerpo le pertenece a Dios. Es el templo donde habita el Espíritu".

Crucificar la carne hizo que tuviera que entregarme a mí misma. Esto no pasa de la noche a la mañana. Es un proceso. Cuanto más le dije que no a elegir alimentos saludables, más fácil se convirtió. El hábito de negar y presentar luego se convirtió en una parte de mi vida. Hoy en día es una reacción automática.

Tenga en cuenta que cada vez que deja algo tiene que reemplazarlo con otra cosa. Así que reemplacé elegir alimentos poco saludables por otros mejores. Oré. Investigué y encontré alternativas. Yo decidí que iba a probar cosas nuevas. Renuncié al miedo y escogí el valor.

Cuanto más nutrí mi espíritu, más fuerte me sentí. Me di cuenta de una realidad: el enemigo no descansa, ¿por qué habría de hacerlo? No me refiero a descansar en el sentido físico, porque usted ya sabe que promuevo el cuidarse a sí mismo, sino más bien el estado de alerta del espíritu dentro de usted siempre velando ante las asechanzas del enemigo. He tomado una decisión consciente. He optado por buscar a Dios diariamente a través del tiempo de devoción personal, la meditación y la adoración. Aprendí a usar el don de discernimiento espiritual para ayudarme a navegar a través de esos momentos en los que llego a un punto muerto. Estas elecciones me aseguran que en la batalla entre la carne y el espíritu, mi alineamiento con Dios determinará al vencedor. Yo no iba a decepcionar a Dios. Él confiaba en mí para algo y yo iba a asegurarme de estar en condiciones de cumplir con sus expectativas. Así que si el cambio es lo que me pedía, entonces el cambio es lo que iba a hacer.

Permanezca en la Palabra

> Ciertamente, la palabra de Dios es viva y poderosa.
> —HEBREOS 4:12

Permítanme decirlo de forma sencilla. ¡La Palabra de Dios es vida!

¿Quiere vivir al máximo? ¿Quiere ver las promesas en su vida llegar y pasar? Entonces párese en la Palabra que está viva dentro de usted. Me di cuenta de que tenía un montón de la Palabra dentro de mí y que no la había activado. Estaba dispuesta a tomar la Palabra de Dios y hacerla mía. Si yo declaraba que era más que vencedora, entonces era más que vencedora. Reconocí que primero tenía que creer la Palabra para mí antes de que pudiera compartirla con los demás. No sólo iba a creer, también iba a ir un paso más allá y activarla. Iba a avivarla en mi alma para estar dispuesta a compartirla con los demás. Busqué la vida para aquellas áreas que se habían estancado y estaban en estado latente. Comenzó una relación entre la Palabra y yo que nunca había experimentado antes.

Como se me llamó a predicar la Palabra, prepararé sermones que Dios usó para tocar a otros. Sin embargo, a medida que me entregaba a Dios, Él me mostró que tenía una palabra en particular para *mí*, una palabra que me tocaría a diario. ¡Qué Dios tan maravilloso!

Dios quiere que sirvamos a los demás, pero también quiere que cuidemos de nosotros mismos, y me atrevo a decir, que cuidemos de nosotros mismos *primero.* Con esto no quiero decir que está bien ser egocéntrico y egoísta. Simplemente quiero decir cuidado personal, nutrición personal, una dosis diaria saludable de las calorías de Dios. Dios entiende que no podemos dar lo que nosotros mismos no poseemos.

Póngase en movimiento

> Pero el SEÑOR le dijo a Moisés: "¿Por qué clamas a mí? ¡Ordena a los israelitas que se pongan en marcha! Y tú, levanta tu vara, extiende tu brazo sobre el mar y divide

> las aguas, para que los israelitas lo crucen sobre terreno seco."
>
> —Éxodo 14:15–16

Esto es exactamente lo que se espera de nosotros cuando nos enfrentamos a los contratiempos. ¿No sabe usted que su retroceso es un inicio para un regreso? El pueblo de Israel vio lo imposible delante ellos. Seamos realistas. ¡Sé que si estuviera encontrando la imprevisibilidad del mar Rojo delante de mí y una banda de enemigos de la carne detrás de mí yo también me hubiera preocupado! ¿No lo haría usted?

Dios saca a los israelitas de Egipto y ahora se enfrentan a un gran obstáculo. Los enemigos, que por cierto, Dios ya los había entregado a su pueblo, están justo a sus espaldas. Ellos sabían que tenían que seguir adelante, pero el mar Rojo estaba justo en frente de ellos. No es de extrañar que Moisés estuviera clamando a Dios, pero Dios respondió preguntándole a Moisés por qué clamaba.

Me pregunto lo que Dios quería decir con eso. Mi respuesta a Dios habría sido: "¿Estás bromeando, Señor? ¿Por qué estoy clamando? Esto fue idea tuya. Esta es la misión que me diste. ¡Ahora tengo todos estos enemigos que me persiguen y no sé qué hacer!".

Consideraría la posibilidad de que Dios estuviera diciendo: "Está bien, Moisés. Puedes sentarte allí y clamar mientras el enemigo se acerca, o puedes levantarte y usar tus herramientas y el poder que yo he puesto en vuestras manos. ¿No te dije que iba a hacer milagros con tu gente? Vamos, Moisés. Tienes todo lo que necesitas para salir de este problema. ¡Sigue adelante! No has terminado con tu misión".

Eso es justo lo que yo hice. Decidí mantenerme en movimiento.

Utilicé el poder que la oración y la Palabra de Dios me daban y avancé. Tuve que elegir si deseaba finalizar la tarea mientras escuchaba el enemigo decirme: "No tienes lo que se necesita", o que podía levantarme y moverme a lo desconocido. Me podía mover con Aquel que sabía exactamente donde yo estaba destinada a ir. Hice mi elección. Avancé en poder y autoridad y nunca he mirado atrás.

Usted puede hacer lo mismo. ¡Levántese! Tome el poder y la autoridad que Dios le ha dado y siga en movimiento. Su tarea dada por Dios está esperando.

Permítame un momento para reconocer los problemas de mi corazón y cómo las cosas jugaron un papel en mi vida por un tiempo. Nunca hubiera pensado que iba a encontrarme examinando mi vida a tal profundidad.

A lo largo de mi vida me he inclinado a estar más al tanto de las grandes decisiones y las decisiones que tenía que tomar, en lugar de estar al tanto de las decisiones cotidianas. Cuando era una adolescente, opté por orar por el hombre que sería mi esposo. Hoy, tengo un hombre increíble a mi lado, un hombre conforme al corazón de Dios. Oré sobre la vocación de mi vida y que cuando las puertas se abrieran para mí, yo fuera capaz de elegir por cuáles iba entrar. Oré por las grandes decisiones de la vida, pero este fue muy gran fracaso: no pensé que tenía opción en cuanto a cómo manejar mi día a día.

Si me despertaba de mal humor, mi respuesta sería: "Así son las cosas". Podría haber optado por tomar mi mal humor, centrado en sí mismo, llevarlo ante el trono de Dios y ponerlo bajo sumisión. ¡Pero no! No creía que era necesario pasar mi mañana en la presencia de Dios hablando sobre mi actitud cuando había tantas cosas más importantes que hacer y sobre las cuales hablar con Dios. Además, mi tiempo de oración no era por la mañana. Era en la noche. Vaya, ¿acabo de compartir eso? Mis oraciones de la mañana eran rápidas. Mis oraciones vespertinas eran más a profundidad. Tal vez yo era la única persona con esa mentalidad distorsionada. Gracias a Dios que me ha liberado de esa distorsión.

Lo que me descuidé en entender era que en esos días cuando decidí que no estaba de humor para interactuar con la gente, podría haber habido un alma herida que necesitaba una palabra de aliento. Puede que haya perdido una oportunidad de demostrar el amor de Dios, porque elegí no hacer nada acerca de mi estado de ánimo. ¿Cuántos momentos de Dios perdí porque estaba concentrada en el "panorama general" que no pude ver las oportunidades que Dios me estaba presentando a diario? ¡Vamos a tomar un descanso de la alabanza, mientras le doy gracias a Dios por su liberación y por una nueva manera de servirle! Gracias, Dios, por un cambio de corazón.

Usted tiene decisiones que hacer. Decisiones diarias. Sí, Dios tiene un enorme cuadro diseñado para su vida, pero como un mosaico muy bien diseñado, el panorama general es una composición de decisiones diarias. No deje nada al azar. Dios quiere saber de usted a pesar de lo insignificante que usted piensa que su asunto o petición puede ser. Aprenda de mis errores y comience ahora. ¡Dios está esperando!

Antes de pasar al siguiente capítulo, déjeme decirle esto: sonreír es una elección. Cambiar es una elección. Volver a empezar es una elección. Tener una actitud positiva es una elección. Vivir en victoria y no en la miseria es una elección. Abrazar la misión de su vida es una elección. Elegir es una opción en sí misma. Siempre que se encuentre en un lugar donde tiene que tomar una decisión, pregúntese, ¿su elección exaltará su nombre o el nombre de Dios? Después de todo, Dios hizo una elección. Eligió amarle, guardarle y confiarle una misión.

Una publicación del grupo de Facebook "Aptos para su misión"

Pastora Reina, sus palabras han tocado mi corazón profundamente. Trajeron tanta convicción que supe que tenía que tomar una decisión de una vez y por todas. Mi matrimonio se estaba destruyendo, mi mente se estaba volviendo loca y estaba deprimida y disgustada conmigo misma. Hoy puedo decirle esto: no estoy donde solía estar. Dios está en control. Dios está haciendo cosas maravillosas.

Reflexiones

Las decisiones que toma hoy o adelantan o retrasan su misión.

1. ¿Puede recordar una elección que hizo que le adelantó o le aceleró en su misión? ¿Qué fue?

2. Escríbase una carta. Siga adelante; sea honesto.

Capítulo 5

CAMBIAR DE ADENTRO HACIA AFUERA

> Por lo tanto, hermanos, tomando en cuenta la misericordia de Dios, les ruego que cada uno de ustedes, en adoración espiritual, ofrezca su cuerpo como sacrificio vivo, santo y agradable a Dios. No se amolden al mundo actual, sino sean transformados mediante la renovación de su mente. Así podrán comprobar cuál es la voluntad de Dios, buena, agradable y perfecta.
>
> « ROMANOS 12:1–2 »

LO INVITO A reflexionar por un momento. ¿Cuándo fue la última vez que se miró por dentro, a su alma, y luego de examinarla dijo: "Soy una alma hermosa"? O tal vez ha hecho lo contrario. Evitó traer su alma al espejo, donde reinan la verdad y la honestidad, por temor a que la verdadera condición de su corazón se revelara. Tan extraño como pueda parecer, a todos nos haría bien dedicar tiempo a analizar aquellas áreas de nuestras vidas que no son físicamente visibles pero que se hacen claramente evidentes en nuestro diario caminar.

¿Sabía usted que Dios quiere que viva la clase de vida que hará que usted camine en su presencia desnudo y sin sentir vergüenza? ¿Un lugar donde, a pesar de las circunstancias y de los retos que lo rodean, pueda declarar: "Todo está bien con mi alma"?

En el momento en que usted entiende que todo está bien con su alma, podrá reconocer que "todo" está bien a pesar de la manera en que puedan lucir las cosas. Ese es el plan de Dios, que usted posea la habilidad de despertarse cada día y declarar victoria sobre su vida. Puede hacer esto cuando está plenamente consciente de Aquel que le da paz, esperanza y prosperidad. Dios quiere que usted viva una vida en la que, sin importar cuán grande o imposible crea que sea su misión, esta no lo abrumará porque usted entiende que Dios es más grande. Esto solo puede producirse como resultado de un alma que está alineada con Dios.

Cambio de imagen extremo

Bienvenido a una cultura obsesionada con la apariencia física. Según un artículo escrito en el *Huffington Post*, en el año 2011 se emplearon aproximadamente $10.4 mil millones de dólares solamente en cirugía cosmética. En el 2012 esa cifra creció hasta llegar a los $11 mil millones. El botox, la liposucción, el agrandamiento de los senos y la cirugía de párpados estaban entre las cirugías más solicitadas.[1]

Con la cantidad de dinero que se empleó en la apariencia, podría pensar que esto se traduciría en una sociedad más feliz y satisfecha. Sin embargo, un estudio reciente en *Psychology Today* descubrió que, a pesar de que la mayoría de las personas que se someten a una cirugía plástica se sienten contentas con el resultado, no hubo cambios significativos en los síntomas de depresión o autoestima.[2]

No traigo esto a colación para debatir si la cirugía cosmética está bien o mal; con todo respeto aclaro que esa no es mi intención. Lo que sí quiero señalar que estos estudios prueban que, sin importar cuánto hagamos por nuestro exterior, si nuestro interior no está completo, no encontraremos la verdadera alegría, felicidad, valor, o realización.

Por supuesto, creo que debemos cuidar de nuestra apariencia exterior y parte de nuestra misión es promover una buena mayordomía en lo que respecta a cómo nos presentamos delante de otros. No obstante, nuestro valor intrínseco tiene que venir de adentro. Por tanto, si somos hechos a la imagen de Dios, entonces nuestro valor proviene de su imagen.

Tenemos un cuerpo. Tenemos un alma. Tenemos un espíritu. Si queremos ver la integridad en todas las áreas de nuestra vida, necesitamos que Dios tome el bisturí y comience a moldear nuestra alma. Aquellos que tienen una misión atraen a las personas no por la apariencia, sino por la belleza de su alma.

Escuché una historia en una conferencia de mujeres hace muchos años. La conferencista invitada para la noche nos compartió que, cuando estaba lista para casarse con su esposo, le preguntó qué era lo más atractivo que él encontraba en ella. Él le respondió: "Yo me enamoré de tu alma". Fue capaz de ver más allá de los aspectos físicos de la que pronto sería su esposa porque el hombre interior (o la mujer) se hacía evidente en su vida diaria. ¿Qué significa esto? Significa que, a medida que usted avanza en su misión, sus emociones se equilibran, sus pensamientos se alinean y sus valores permanecen firmes en su lugar. Se hacen evidentes, no solo en los días buenos, sino todos los días.

El Señor me mostró que no había ninguna dieta que pudiera librarme de mis treinta libras de más. (¿Se acuerda?) Dios me dio a conocer que, a menos que no me librara de la chatarra que había en mi alma, no importaba cuánto peso perdiera, nunca estaría verdaderamente saludable. De hecho, sin una atención adecuada de mi alma, sería simplemente una cuestión de tiempo el encontrarme de la misma manera que antes. Sabía que era hora de dedicarme a áreas que, hasta ese momento, no había tocado y había descuidado completamente.

Vivir en un capullo

Permítame compartir algunas cosas con usted que, aunque son muy personales, son relevantes. Durante una época de mi vida pensé que había algunas cosas que tenía que tolerar. Cosas a las que me tenía que rendir. Pensaba que esto era parte de mi misión en el ministerio.

Por ejemplo, estaba esclavizada a una determinada manera de pensar. Me había convencido a mí misma de que tenía que aceptar como cierta la idea de que, como ministra, no me estaba permitido compartir mis sentimientos con otras personas. Me había dicho a mí misma que no podía tener muchos amigos. Si algo me dolía, tenía que sobreponerme muy rápido porque había una congregación que dependía de mí. Si las personas me ofendían, tenía que pasarlo por alto y continuar.

Pasé muchos años pensado de esa forma. Me volví

extremista, una ministra sin equilibrio, aislada en mi propio capullo religioso. Como resultado, acumulé mucha chatarra en mi alma. Mi corazón se estaba haciendo muy pesado. Durante épocas de pruebas, las personas me preguntaban si estaba bien y yo simplemente sonreía y decía: "Sí, estoy bien. De hecho, estoy muy bien". Realmente pensaba que estaba bien. Pensaba que era lo suficientemente fuerte como para soportar todos los dardos que venían contra mí. Realmente pensaba que mi habilidad para soportar el dolor era una de las razones por las que Dios me había confiado mi misión. Al menos, de eso me había convencido a mí misma.

¿Suena esto como la creencia de que tenía un espíritu recto a mis propios ojos? ¿O me estaba negando totalmente? Me aventuro a decir que ambas cosas. Mire, no estaba siendo transformada. Mi mente no estaba siendo renovada cada día. Me había conformado a un modo de pensar, aceptando que algunas de esas cosas dolorosas eran parte de mi destino y, por tanto, permisibles.

Eso es lo que solemos hacer, ¿no es así? Nos conformamos. Es mucho más fácil ir a favor de la corriente y esperar pacientemente a que todo se solucione. Esto no requiere mucho trabajo, ¿no es cierto? Pero para aquellos de nosotros que sabemos, sin sombra de duda, que hay más vida que vivir y que estamos en busca de ella con todo nuestro corazón, la conformidad no es una opción. La transformación entonces no se puede negociar. La transformación es un componente esencial para hacerse apto para su misión. Hablaré sobre la transformación con más detalle en otro capítulo.

¿Qué descubrí? Descubrí que mi alma estaba afectada por basura de religión y dogmas falsos que yo era responsable de haber almacenado. Muchas veces me amargaba y no sabía por qué. ¿Por qué me visitaba la amargura de vez en cuando? Había desarrollado patrones destructivos que me habían plagado y los patrones destructivos son asesinos de misiones. ¡Alabo a Dios porque llegó a tiempo!

¿Olvidé mencionar que podemos caer y continuar haciendo las cosas mal, pero que Dios todavía tiene una forma de traernos de vuelta al lugar de propósito y destino absolutos?

No piense ni siquiera un instante que Dios lo dejará continuar haciendo las cosas mal. Es en nuestro quebrantamiento que volvemos a la intimidad con Dios.

Esto es guerra

Todo lo que tuve que decir fue: "Dios, te escucho tocar. Por favor, pasa". Avivó al hombre espiritual en mí. El espíritu haló al alma, el alma se rindió y el cuerpo reaccionó. ¿Lo entendió? Puede que su cuerpo esté reaccionando a la aflicción de su alma, provocada por la influencia del espíritu, ya sea para bien o para mal.

La forma de pensar de Cristo y mi forma de pensar se igualaron. Hasta ese momento había pensado que tenía la mente de Cristo. Por un instante pensé: "Dios, ¿por qué estás luchando conmigo? ¿Acaso no estamos en la misma página?". No podía entenderlo.

No fue hasta que me volví sensible a la voz de Dios que hablaba a mis pensamientos, a mis emociones y mis deseos, que comencé a ver con claridad. Pude escuchar la dulce voz de Dios. Realmente no lo puedo explicar. Simplemente supe que era Él. Con cada palabra que penetraba en mi corazón, su voz aliviaba mi alma. Como una espada de dos filos, atravesó todo lo que yo pensaba que estaba correcto. El tiempo se detuvo. Su presencia inundó toda mi existencia cuando levanté la cabeza y comencé a abrazar su verdad.

Su Palabra me mostró que estaba bien sentirme derribada. Estaba bien querer orar. Estaba bien mirar a alguien y decirle: "Me has herido". Estaba bien ser *yo* y, a la vez, permanecer en mi misión. Dios acababa de darme permiso para ser humana. Dios nunca me pidió que asumiera su rol. Simplemente quería que lo reconociera a Él en todos mis caminos.

Un nuevo yo había surgido y estaba lista para avanzar en mi misión. Me volví real, auténtica y relevante. Mi espíritu se sintió vivo otra vez. ¡Me sentí libre! ¡Podía sentir! ¡Podía llorar! Pude compartir con otros que este viaje era también parte de mi misión.

¿Y usted? ¿Está listo para vivir en la libertad absoluta? ¿Está listo para liberarse de la esclavitud de tener que complacer a las personas y de tener que tragarse la desesperación, sintiéndose culpable? Usted fue creado para ser *usted*. ¡Nadie puede ser usted mejor que usted mismo! ¡Ha llegado la hora! Es el momento de dar a conocer sus emociones. ¡Es el momento de salir de su capullo y sentirse vivo! Es el momento de llorar sin sentir que se está ahogando en el pozo sin fondo de la desesperación, porque sabe que Uno más grande que usted lo tiene en la palma de su mano. Es el momento de levantarse y llevar a cabo su misión.

Ahora bien, tenga presente que hay límites que debe aplicar en esta área. Hay que ejercer la sabiduría, particularmente cuando tratamos con aspectos personales de nuestra vida. Su carácter e integridad son importantes.

Usando la sabiduría divina, comencé a compartir con otros acerca de mis propios errores y compartí algunas luchas en particular, según las circunstancias lo permitieran. Mientras más hablaba con las personas, más libre me sentía. Hombres y mujeres comenzaron a compartir sus luchas conmigo y encarecidamente me pedían que orara por ellos. Comencé a ver la magnitud del impacto que estaba teniendo cuando, luego de hablar en una conferencia, las personas se me acercaban y me decían: "Gracias por compartir. Hay esperanza para nosotros".

Cuando uso la palabra *auténtica*, me refiero a que no ha sido adulterado. Estaba hablando la Palabra de Dios pura, clara y no adulterada. Comencé a ministrar la Palabra de Dios con una nueva pasión. Me volví real, sincera y pura. Esto no significa que no hubiera sido sincera antes, pero ahora estaba ministrando con transparencia. Mi predicación salía del corazón de Dios que fluía a través de mí. No salía de mis propias debilidades ni de mi forma de pensar inestable. Me había liberado para ser yo misma.

A veces pensamos que nuestra relación con Dios está perfectamente alineada con el propósito de Dios. Sin embargo, nuestros corazones están muy lejos de Dios. Aprendí que una forma de medir si nuestro corazón está alineado con Dios es chequear y ver si hay una intención diaria de reconocerlo a Él, de buscarlo y de escucharlo.

Si desea fluir en su misión, entonces no puede negociar

esto. No puede hacer concesiones. El Espíritu de Dios tiene que estar activo en usted, hablándole e impulsándolo en la búsqueda de la grandeza. Debe desear lo que Dios desea, que es ver a su pueblo alineado y viviendo en su misión.

Cuando ocurre un cambio en el interior, todo se alinea: su pensamiento, su forma de hablar, sus emociones y sus relaciones. Su rol como madre o padre reciben el impacto. Su matrimonio se transforma. Y aprende a escoger sus relaciones cuidadosamente. Por favor, entienda que cualquier cosa que cultive en su corazón se manifestará en todas las áreas de su vida, incluyendo sus relaciones.

Otra vez en camino

Este viaje me ha conectado con la vida de mujeres que han batallado con su peso. Conocí a una mujer que se enfermó. Como consecuencia, los medicamentos que estaba tomando provocaron que otra vez ganara peso. Se encontró en un lugar en el que nunca había estado antes. No solo estaba batallando con el problema de salud que había atacado a su cuerpo, sino que su estado mental también se estaba afectando. Se había deprimido y tenía ideas de suicidarse. Me dijo que se miraba todos los días al espejo y se sentía disgustada y avergonzada. Le parecía que Dios la hubiera abandonado, estaba pensando en la idea de acabar con su vida. Estaba en una batalla espiritual. Había magnificado todo porque su corazón estaba fuera de lugar. Su enfermedad y su apariencia física la consumieron tanto que perdió de vista su verdadera identidad. Perdió de vista su valor. El caos mental siempre se manifiesta en una forma física.

Una amiga invitó a esta mujer a la página del grupo de Facebook "Aptos para su misión". Comenzó a leer lo que publicaban las mujeres que estaban siendo transformadas al permitirle a Dios que entrara en sus corazones quebrantados y, a veces, despedazados. Tomó una decisión: ella también se levantaría y le pediría a Dios que la cambiara.

Comenzó restaurando su relación con Dios. Por primera vez en tres años, empezó a hacer ejercicios. Implementó diferentes menús en sus comidas. Empezó a orar y a leer la Palabra de Dios. Después de que alguien la alentara para que comenzara a hacer un diario, empezó a escribir todas las noches. Al plasmar sus pensamientos y sus emociones en el papel comenzó a ver la realidad de dónde había estado, pero lo que es más importante, a dónde iba. Actualmente está firme en su fe. Su apariencia ha cambiado. Está esplendorosa. Su situación es prometedora. Está caminando en su misión.

Mire, puede que no seamos capaces de cambiar nuestras circunstancias, pero ciertamente podemos cambiar la forma en que esas circunstancias nos afectarán.

Esté consciente de las trampas

El enemigo nos pone trampas todos los días. Las pone con la intención de hacernos caer y desviarnos de nuestra misión. El enemigo quiere nuestra alma. Quiere gobernar sobre nuestras emociones, pensamientos y deseos. Diseña un plan de ataque y hará lo que sea para ejecutarlo. Espera los momentos oportunos, cuando tenemos las defensas bajas, para poder acercarse a nosotros sigilosamente como la serpiente y liberar su veneno, un veneno que va directo al corazón. Como un experto estratega, el enemigo aprovechará la mayoría de sus momentos vulnerables. Algunos de ellos incluyen:

- La culpa
- La pérdida del gozo
- Las pruebas
- La enfermedad
- El resentimiento
- La ansiedad
- El temor
- La traición
- El dolor

Cuando alimentamos esos momentos con una actitud negativa en vez de someterlos a Dios, se convierten en un veneno para nuestro corazón y nuestra alma. Tal vez siente que tiene poco o ningún control sobre momentos como esos, momentos cuando "la vida" sucede.

No hay duda de que, en algún momento u otro, todos hemos enfrentado o enfrentaremos tribulaciones. Sin embargo, no todo el mundo se amarga, no todo el mundo sangra para siempre y no todo el mundo vive en una ansiedad eterna. Tenemos que levantarnos de esos momentos y estar conscientes de que somos más que vencedores. Los enfrentamos, los sometemos a Dios y permitimos que Él tome el control. Cuando nos estamos sintiendo débiles, necesitamos recordarnos a nosotros mismos que nuestra fuerza proviene del Dios todopoderoso que habita en nosotros. Tenemos que vivir con una conciencia permanente de que el más sencillo de los asuntos puede crecer hasta alcanzar proporciones desmesuradas; que un pequeño pensamiento puede convertirse en un gran pensamiento y que un poco de enojo puede convertirse en mucho enojo.

Como dije antes, también solía vivir mi vida enfocándome en los que pensaba que eran los asuntos más grandes y más obvios, mientras pasaba por alto las cosas que no eran tan obvias. Esas cosas, en mi opinión, no eran tan importantes. Me enojaba por cosas pequeñas e insignificantes. Les permitía que cambiaran mi actitud y mi estado de ánimo durante el resto del día y, a veces, durante muchos días. Deseaba aislarme de todo y de todos. No obstante, la revelación del Espíritu hacía posible que mi alma se rindiera a la sabiduría, al conocimiento y al entendimiento de Dios. Me di cuenta de que el espíritu y el alma tienen que estar alineados y trabajando al unísono dentro de mí.

Las intenciones del alma se manifiestan en el ámbito físico, pero es el hombre espiritual el que debe regir el alma. El yo, por ende, no tiene otra alternativa que no sea adaptarse al diseño divino. Cuando morimos a nosotros mismos, entonces Dios puede vivir a través de nosotros y todo cambia.

Quiero ser más como tú, Señor

He decidido que quiero vivir para Dios. Estoy en la mejor temporada de mi vida, no porque haya llegado, sino porque estoy en el proceso. Estoy llevando a cabo mi misión. Ciertamente no estoy donde solía estar. Los cambios se producen a diario a medida que adquiero cada vez más conciencia de la verdadera meta que tengo delante de mí: hacerme totalmente apta para la misión que me ha sido encomendada. Mientras más conozco a Dios, más quiero ser como Dios quiere que sea. Esta actitud promueve el reflejo de Dios en mí.

Imagínese despertarse en la presencia del Espíritu Santo: "Buenos días, Espíritu Santo". Imagínese reconocerlo como un agente activo que vive dentro de su templo, gobernando y dominando cada pensamiento y llevando cautivo todo aquello que intente interrumpir el plan de Dios para su vida. Imagine un día en que el Espíritu Santo esté activo en todas las áreas de su vida, desde el momento en que se levanta hasta el momento en que se va a dormir.

Esto lo vivo cada día. Mi deseo es que *usted* viva esto cada día también. Quiero recordarle que Dios quiere todo de usted, lo de adentro y lo de afuera. Quiere que usted le entregue su dolor, sus luchas, sus secretos, sus pensamientos engañosos, sus patrones negativos, su soledad, sus temores, sus pruebas, su enojo, su amargura y todas aquellas cosas con las que puede que esté luchando pero que no quiere que nadie lo sepa.

Tal vez no ha encontrado a nadie en quien cree que puede confiar para contarle sobre aquellas áreas secretas de su vida. Está llorando por dentro. Permítame asegurarle que Dios escucha ese clamor en busca de ayuda. Rinda su espíritu, alma y cuerpo a Él. ¡Libérese! ¡Libérese! ¡Libérese y libere a Dios en su vida! No pase ni un momento más cautivo en los pensamientos, emociones y deseos que lo han separado de Dios o lo han retrasado en su misión.

Gozo indescriptible

Entendí que Dios quería que tuviera gozo. Estoy consciente de que esto puede sonar bastante elemental, pero fue parte del trato de Dios con mi corazón. No me había dado cuenta de que, en aquellos momentos en los que me faltaba la paz y en aquellos momentos en los que luchaba con mis luchas, el Espíritu de Dios estaba ayudándome a comprender que la condición de mi corazón no producía gozo.

El gozo no proviene de nada que podamos hacer en nuestro exterior. El verdadero gozo proviene de conocer a Dios. ¿Alguna vez ha escuchado a alguien decir: "Si tan solo tuviera una casa más grande, un mejor carro, un mejor empleo, un cuerpo más bonito, entonces sería feliz"? Bueno, estoy segura de que eso lo haría feliz pero, créame, solo sería una felicidad temporal. Las verdaderas preguntas son: ¿Tiene gozo o está estresado? ¿Qué pasa si la casa desaparece? ¿O si pierde su empleo? ¿O si se enferma? ¿Qué pasa con la felicidad? ¿También se va o permanece firme, plantada en su lugar? La verdadera felicidad es tener gozo en el corazón. Esto solo puede provenir de una verdadera relación con Dios.

Las personas en la época de Nehemías solían caer postradas y llorar cuando leían la Ley. Después que reconstruyeron los muros de la ciudad, comenzaron a reunirse otra vez para escuchar la lectura de la Ley de Moisés. Justo cuando estaban a punto de caer postradas y llorar debido a lo que estaban escuchando, Nehemías hizo una declaración: "Ya pueden irse. Coman bien, tomen bebidas dulces y compartan su comida con quienes no tengan nada, porque este día ha sido consagrado a nuestro Señor. No estén tristes, pues el gozo del Señor es nuestra fortaleza" (Nehemías 8:10).

No es de extrañar que si su gozo depende de lo que tiene: carros, casa, dinero, seguridad laboral, relaciones, el enemigo hará todo lo posible para tocar esas cosas. Sabe muy bien que si lo hace, usted se sentirá más miserable que un adolescente sin acceso a las redes sociales (créame, tengo un adolescente). La verdad es que su objetivo no es tocar ninguna de esas cosas temporales o materiales. Su objetivo primordial es robarle su gozo y, en última instancia, quitarle su fortaleza. Pero si su verdadera felicidad, su gozo, se basa solamente en quién es usted en Cristo, a pesar de sus circunstancias y de lo que tenga o no tenga, no podrá desviarlo de su misión. ¿Por qué? Porque el gozo del Señor es su fortaleza.

Cuando Dios está listo para cambiar algo en nuestras vidas, el cambio tiene que ocurrir primero en el interior. El propósito de Dios al alinearnos consigo mismo es darnos las herramientas y los recursos necesarios para vencer cualquier circunstancia. Además, la verdadera felicidad, el sentido y el propósito vendrán de adentro y no de alguna cosa física o material que podamos adquirir. Es tiempo de que se renueve, se reenfoque y se llene de energía. El gozo del Señor es *su* fortaleza.

No se pierda la voz

Soy una soñadora y cuando sueño, sueño en grande. De hecho, mis sueños son tan grandes como el Dios que sirvo. ¿Tiene sueños, sueños que no se atreve a compartir con nadie porque tiene miedo de que las personas se rían? Yo he tenido esos sueños. Pero tristemente, cuando no cuidaba lo suficiente del hombre interior, esos sueños se hicieron imposibles de realizar. Mi falta de conexión me hizo perder fe y confianza. Necesitaba creer que Dios podía hacer realidad mis sueños. De modo que, por un tiempo, dejé de soñar. Pero Dios me sacudió y me trajo de regreso a su Palabra. Me recordó esto: "Confía en el Señor y haz el bien; establécete en la tierra y mantente fiel. Deléitate en el Señor y él te concederá los deseos de tu corazón." (Salmo 37:3–4). Me di cuenta de que lo que estaba soñando era parte de lo que Dios tenía para mí. Estoy segura de eso porque ahora estoy viviendo mi sueño. Aprendí que el tiempo de Dios es perfecto, pero que nosotros tenemos el poder para retrasar sus planes cuando no estamos alineados con ellos.

Recuerdo una noche, hace muchos años, algunos amigos nos reunimos para un tiempo de oración. Tenía unos veinte y tantos años. Tenía pasión por Dios. Estaba ardiendo. Sabía que Dios tenía grandes planes para mi vida. Recuerdo que me levanté de mi silla, sintiendo la presencia de Dios. Con lágrimas en los ojos caminé por la habitación en adoración. Uno de mis amigos vino y me miró directo a los ojos. Aunque me tomó por sorpresa, pensé: "Esto es. Dios está a punto de revelarme su llamado a través de esta persona". Mi corazón se había acelerado. Estaba viviendo plenamente el momento. Aquella persona comenzó a decirme estas palabras: "El Señor te llama Débora, porque serás una voz profética. Sin embargo, el Señor también quiere que sepas que tienes que aprender a someterte, a aceptar la crítica constructiva y a poseer un espíritu humilde".

¿Qué? ¿Estás bromeando? Estoy aquí en la presencia de Dios. Estoy en la zona y ¿eso es lo que Dios quiere decirme? ¡No lo recibo!, me dije. Aquello no tenía sentido. Ah sí, como

podrá imaginar, Dios estaba tratando conmigo. Había estado tratando conmigo; sin embargo, pasaron años antes de que me rindiera completamente.

¿Sabe por qué no recibí aquella palabra en particular? Porque no tenía convicción. Sí, escuchó bien. No tenía convicción. No era culpable de semejante cosa. Era humilde y ciertamente no tenía ningún problema con aceptar las críticas, al menos eso era lo que *yo* pensaba. ¿Cómo se había atrevido esa persona a tener la audacia de venir hasta mí en medio de mi tiempo de adoración? En retrospectiva, la verdadera pregunta es: ¿Cómo fue posible que no lo escuchara?

Para mí está muy claro ahora lo que Dios quería hacer en aquel entonces. Me dijo claramente: "Tienes una misión". Esas fueron las primeras palabras que salieron de la boca de aquella vasija que Dios usó para hablarme aquel día. Era el Espíritu Santo en acción. ¿Acaso no es esto lo mejor que hace el Espíritu Santo cuando viene a habitar en nosotros? Nos convence. Pero *yo* no estaba dispuesta a rendirme. Mi carne era la fuerza que dominaba en aquel momento, no el hombre espiritual. Afortunadamente, años después Dios se movió en mi vida a tal punto que no solo trajo convicción en determinadas áreas de mi vida, sino que también me dio la sabiduría para obedecer su Palabra.

Una publicación del grupo de Facebook "Aptos para su misión"

El enemigo quiere diezmar el ejército del Señor. Vendrá desde todos los ángulos que pueda, comenzando con nuestras mentes. Si puede lograr que tengamos miedo de la crítica, nuestro testimonio carecerá de poder. Si puede hacer que nos disgustemos con nosotros mismos, asumiremos automáticamente que todos nos ven con el mismo disgusto. Si el enemigo puede lograr que nos aislemos, ¿a quién podremos hablar de Jesús?

Reflexiones

Sus manifestaciones físicas no son otra cosa que una manifestación de su condición interior.

1. ¿Puede pensar en algunas cosas que hace que son un reflejo de la condición de su corazón?

____

____

____

____

____

____

2. ¿Hay asuntos con los que está luchando? ¿Cuáles son? ¿Qué le gustaría que Dios hiciera con ellos? Escriba sobre eso.

____

____

____

____

____

____

Capítulo 6

AQUELLO QUE USTED NO CONTROLE, LE CONTROLARÁ

Como ciudad sin defensa y sin murallas es quien no sabe dominarse.

« PROVERBIOS 25:28 »

Más bien, golpeo mi cuerpo y lo domino, no sea que, después de haber predicado a otros, yo mismo quede descalificado.

« 1 CORINTIOS 9:27 »

¿ALGUNA VEZ HA oído a alguien decir: "Lo siento; simplemente no puedo evitarlo"? Creo que esto es equivalente a: "Lo siento. No tengo control sobre eso. "Quiero ser la primera en gritar, "¡Culpable de los cargos!" Siempre me he sentido bien equilibrada y en control de mi vida, pero la evidencia demuestra lo contrario. Al recordar el principio de mi viaje está claro que Dios estaba trabajando para revelármelo.

Recuerdo llegar a casa agotada y sin aliento después de una conferencia. Me dolía cada centímetro de mi cuerpo. Me dije a mí misma: "¿Es esto normal? Debe ser. Ya no estoy tan joven. Tengo que frenar".

El Espíritu Santo interrumpió e hizo espacio en mí para reconocer la verdadera razón de mi estado físico lamentable. Me había entregado a tanta comida chatarra durante el último año que mi cuerpo estaba simplemente manifestando el resultado de mis malas decisiones.

Podía escuchar a mi conciencia diciendo: "Bueno, Reina, aquí está. Al parecer lo que no puedes controlar te está controlando".

Desde luego, no quería aceptar esa declaración. Pero era verdad aunque quisiera o no admitirlo. También se hizo evidente en otras áreas de mi vida, como mi temperamento, pensamientos, autodisciplina, disciplina espiritual, hábitos de sueño, mi falta de movimiento y así sucesivamente. ¿Le confiaría usted una misión importante a alguien que carece de autocontrol?

Hay muchas cosas en la vida que tienen la capacidad de controlarnos. Nuestros sentidos, por nuestra propia naturaleza, están constantemente llevando a la carne hacia los deseos mundanos. Hay una batalla constante entre el espíritu y la carne.

El Señor me mostró que no podía predicar más allá de las áreas en las que me faltaba control. En otras palabras, estaba limitando mi misión. Sólo podía avanzar hasta cierto punto mientras no alineara mi falta de autocontrol.

Sabía que tenía que hacer algo rápidamente. Cuanto más pensaba en ello, más quería el cambio. Sabía que el Espíritu de Dios estaba ansioso por empezar el reajuste de mi falta de control en áreas muy específicas. Estaba dispuesta a cuidar de mí misma.

En verdad, nada puede cambiar en su vida a menos que usted lo decida. Un espíritu determinado es un espíritu inquieto hasta que ha adquirido el objetivo que se ha establecido.

Iba a empezar de nuevo. *Quería* empezar de nuevo. Dios estaba completamente de mi lado y yo estaba lista para todo lo que Dios quería hacer en mi vida. Es una gran sensación cuando usted sabe que está poniendo su vida en orden. La Biblia dice: "Yo te instruiré, yo te mostraré el camino que debes seguir; yo te daré consejos y velaré por ti" (Salmo 32:8).

Déjeme que le cuente lo que he aprendido acerca del autocontrol. Tener control de sí mismo es poseer la capacidad de resistir y poner límites. Es saber cuándo decir no. ¿A quién engañamos? Vivimos en un mundo de tentaciones, un mundo que está vestido para seducir nuestros sentidos. Nuestras mentes están inundadas de imágenes de todo tipo.

Hace algún tiempo estaba hablando con alguien sobre el estado actual de nuestra nación. Recuerdo una época en que teníamos canales limitados de televisión para elegir y por una cierta hora no había nada disponible para ver. Cada canal se iba del aire y la televisión se reanudaba en la mañana. ¿Recuerda esos días? Eso no pasa ahora. Ahora vivimos en una era de opciones ilimitadas. Hay un canal para todo bajo el sol. Es difícil aprender el concepto de establecer límites en un mundo sin límites.

No tenemos que buscar muy lejos para saber si hay áreas que nos controlan. Todo lo que necesitamos es auto examinarnos tanto interna como externamente. No hay nada que el enemigo quiera más que sucumbamos a la fuente ilimitada de las indulgencias y las tentaciones. Cuanto más fuera de control estemos, más control le hemos dado al enemigo. Por esta razón, es importante tomar el tiempo para evaluarnos a nosotros mismos mediante la adopción de una buena mirada introspectiva y ser honestos con nosotros mismos. De hecho, tenemos que empezar a vivir de tal manera que ningún mal comportamiento, expresión o acción pase desapercibido.

Personalmente digo que el camino hacia el autocontrol no es fácil. No es fácil alejarse de las tentaciones. No sé qué cosas le tienten. Pero yo no tenía ninguna disciplina cuando se trataba de ciertos tipos de alimentos, a pesar de que sabía que no eran buenos para mí. Esas cosas deliciosas como la pizza, papas fritas, pan y mi debilidad absoluta, hojuelas de papas, me tentaban como las joyas abandonadas tientan a un ladrón. No había nada peor que ir a comer con amigos que sabían cómo tomar las decisiones correctas. Allí me sentaba, pidiendo comida grasosa, mientras que ellos ordenaban las comidas de la sección del menú de cincuenta calorías.

Tengo una amiga que cambió todos sus hábitos alimenticios. Ella compartió conmigo cómo Dios había estado tratando con ella en esta área. Me dijo que todos los días trataba de controlar lo que la carne quería y lo que su espíritu necesitaba. Eso me encanta. Me di cuenta de algo. Tenía sentido.

Ya sea que alimentemos a nuestros deseos o a nuestras necesidades. Las necesidades son las cosas imprescindibles para nuestra supervivencia. Los deseos son simplemente deseos o bonificaciones añadidas para sus placeres carnales. No estoy diciendo que haya nada malo en querer cosas, pero cuando vivimos nuestras vidas tratando de satisfacer nuestros deseos y no nuestras necesidades, nos metemos en grandes, grandes problemas.

Corra

Hay personas que no caen fácilmente en las trampas de la tentación. Estas son las personas que saben cómo establecer límites. Estas son las personas que saben que han llegado demasiado lejos como para permitir que un momento de placer las pueda privar de todo lo que Dios ha puesto en ellas. ¿Conoce a alguien así? Tal vez es usted. ¿Tal vez un amigo? Cuando pienso en el auto control, a menudo pienso en el José de las Escrituras Hebreas.

La Biblia dice: "José tenía muy buen físico y era muy atractivo. Después de algún tiempo, la esposa de su patrón empezó a echarle el ojo y le propuso: acuéstate conmigo". (Génesis 39:6-7). José se negó a la tentación. De hecho le contestó: "Mire, señora: mi patrón ya no tiene que preocuparse de nada en la casa, porque todo me lo ha confiado a mí. En esta casa no hay nadie más importante que yo. Mi patrón no me ha negado nada, excepto meterme con usted, que es su esposa. ¿Cómo podría yo cometer tal maldad y pecar así contra Dios? Y por más que ella lo acosaba día tras día para que se acostara con ella y le hiciera compañía, José se mantuvo firme en su rechazo" (Génesis 39:8-10).

Está claro, José poseía un entendimiento de que él era un hombre con una misión. Hay algunos puntos críticos dignos de analizar. José tuvo éxito en su misión. El Señor estaba con él. Todo lo que se colocó en las manos de José prosperó. Tuvo éxito. José era un hombre que tenía favor. Imagine; en la misión, exitoso y dotado de favor. ¡Espere, no nos olvidemos, José era también un hombre apuesto!

Ahora bien, ¿qué hizo José para obtener el favor y tener éxito? Él estaba apto para su misión. Estaba alineado espiritualmente. Este es el mismo joven que fue traicionado por sus hermanos. Fue despojado de la capa que su padre había hecho especialmente para él. Pero sus hermanos no pudieron despojar a José del Dios que estaba dentro de él. José simplemente sabía cómo decir no a cualquier cosa que le haría desviarse de su misión dada por Dios. ¿Era esto porque tenía los ojos puestos en un premio? ¿Estaba luchando por un puesto? No. Simplemente su corazón estaba alineado con el Dios que servía y todo lo demás fue un resultado de ello.

Cuando su corazón está bien, la gente puede hacerle mal pero usted se mantendrá en lo correcto. Va a permanecer fiel a través de las circunstancias. Usted reconoce que mayor es el Dios que está en usted que la fuerza que está afuera. Recuerde que el que reina sobre su espíritu controla su corazón. Por lo tanto en los momentos de tentación, tiene que someterse a la decisión del Espíritu de Dios que mora en usted.

José sabía que se le había confiado mucho. Más importante aún, su favor estaba en proporción directa a su administración y a la obediencia. José reconoció los límites. Comprendió las limitaciones. Sabía que había zonas que no estaba autorizado a considerar. Su amo le había dado órdenes específicas sobre las cosas a las que tenía acceso y José obedeció. A diferencia de Eva, que no pudo ejercer el autocontrol cuando la serpiente la tentó a comer del árbol de la vida, José obedeció.

Me pregunto cuántos hombres harían lo que José hizo. La esposa de Potifar quería acostarse con José. Mientras que José estaba en una misión, la esposa de Potifar agarró a José por su capa y sin dudarlo le exigió que se acostara con ella. Esta era una mujer que sabía lo que *ella* quería y quería a José. ¿Cómo respondió José? Esta es la mejor parte. ¡Salió corriendo!

Ahora algunos pueden preguntar: ¿"Bueno, si él era disciplinado y tenía dominio propio, no podría haber respondido: 'Mujer, no voy a acostarme contigo'?" ¡No! ¿Por qué? Permítame recordarle que los personajes de las Escrituras eran tan humanos como usted y yo. ¡José era un hombre! Me atrevería a decir que era un hombre con todos sus sentidos y la masculinidad trabajando en el orden correcto. Por otra parte, la esposa de Potifar era una mujer hermosa. José le dio a la esposa de Potifar la razón por la que no se acostaría con ella. Su marido se lo había prohibido y José no quería pecar contra Dios. Suena perfectamente claro para mí.

José se decidió. Él se negó a considerar la invitación. Dijo que no al adulterio. Tal vez él corrió porque sabía que si se quedaba la carne iba a ganar. Había decidido que no iba a pecar. Mejor aún, que no iba a tener una conversación con el pecado. Esto es importante; había decidido. Se entregó a sí mismo en obediencia al Dios que conocía. El sabor de la obediencia se hizo más atractivo que el sabor del pecado.

El autocontrol es ser capaz de negarse a sí mismo cuando uno mismo se inclina hacia donde no debería ir. Uno debe poseer una gran fuerza. Esta fuerza sólo puede venir de Dios. Su voluntad es tan poderosa como el Dios que vive en usted. Es cuando llegamos a este lugar de disciplina profunda que sabemos que el espíritu del hombre interior se alinea con Dios. Cuando usted se enfrente con el pecado y no sepa qué hacer, ¡CORRA!

Tengo el poder

> Pues Dios no nos ha dado un espíritu de timidez, sino de poder, de amor y de dominio propio.
>
> —2 TIMOTEO 1:7

Tenemos el poder de controlar nuestro temperamento, nuestras emociones, nuestra forma de hablar, la forma de pensar, nuestra forma de actuar, y sí, incluso las decisiones que tomamos. Cuando carecemos de control en estas áreas, significa que nos falta una mente sana y la capacidad de razonar de manera eficaz. Cuando los problemas afectan a la mente, es difícil tomar decisiones acertadas, piadosas. Cuando no podemos detenernos a pensar, actuamos impulsivamente. Cuando actuamos impulsivamente, permitimos que nuestro yo tome el control. Cuando lo hacemos, nos movemos hacia adelante sin pensar en las consecuencias.

Dios no quiere que nos movamos en nuestras misiones con comportamientos impulsivos y fuera de control. Dios no quiere que seamos controlados por otra cosa que el poder del Espíritu Santo que vive en nosotros. Tenemos que utilizar el poder que Dios nos ha dado. Nuestra cordura depende de ello. El lugar que Dios ha preparado para nosotros nos obliga a pensar, hablar y actuar racionalmente.

¿Alguna vez ha estado realmente enojado? Confieso que ha

habido veces que la gente me ha dado muy buenas razones para estar enojada. Al menos, así es como he justificado mi ira. Ha habido ocasiones en las que he invertido tiempo y energía en personas que han dado media vuelta y han hecho todo lo contrario de lo que yo les aconsejé que hagan, sólo para encontrarse de vuelta en mi oficina en busca de ayuda adicional. Otras veces he sentido lo que llamo "ira espiritual," un celo por Dios tan intenso que cuando veo a la gente volver a la misma fosa de donde Dios los sacó, me siento enojada.

Pero, ¿se ha enojado tanto que ha perdido todo sentido de razonamiento? He visto a personas perder sus empleos, casas y relaciones porque fueron incapaces de controlar su ira. La falta de autocontrol puede destruirnos a nosotros mismos, nuestras misiones, las familias y las relaciones con Dios.

¿Son estas cosas importantes para usted? ¿Hay un área donde sabe que si no actúa con rapidez, potencialmente puede causar un gran daño a sí mismo y a sus seres queridos? Déjeme animarle. Dios le ha dado el poder para salir de los confines del miedo y entrar en el reino del autocontrol.

Al enemigo le gusta asustarnos y decirnos que no tenemos poder sobre nuestras circunstancias. Él nos dice que no podemos cambiar lo que somos más de lo que podemos cambiar las cosas que han sucedido. ¡No le crea! El enemigo es el gran engañador y el padre de mentiras. Vuelva su corazón hacia Dios y lejos de las circunstancias. En el momento en que vuelve su corazón hacia Dios, cambiará lo que usted es, porque usted va a cambiar la forma en que se ve a sí mismo.

Charles Spurgeon escribió: "Es bueno para nosotros que, en medio de toda la variabilidad de la vida, hay Uno a quien el cambio no puede afectar; Aquel cuyo corazón nunca se puede alterar y uno cuya frente inmutable no se arruga".[1]

Controle la ira

Una de las misiones más gratificantes de mi vida, junto con la de ser mamá, es la de ser esposa. Si usted está casado, entonces tiene una tarea y responsabilidad hacia su cónyuge. Está llamado a ministrar al espíritu del uno al otro y hacer frente a los problemas juntos. A menudo he sido testigo de lo feas que se vuelven algunas relaciones cuando una persona está alineada con Dios y la otra no.

Ha habido ocasiones en que me he enojado con mi esposo porque no me salgo con la mía. Sí, he sufrido de eso también. Le diré que la condición de su corazón se derramará en todas las áreas de su vida. Tengo el mejor esposo que una mujer podría pedir. De hecho, su paciencia se merece un premio por todos los berrinches que ha tenido que soportar, sobre todo en los primeros años de nuestro matrimonio. Si estuviera leyendo esto ahora mismo, probablemente gritaría: "¡Amén!".

Ambos estábamos conscientes desde el principio en nuestra relación que Dios tenía una gran misión para nuestras vidas. Desde el inicio decidimos que Dios reinara en nuestro hogar y en nuestro corazón. Había poco en lo que pudiéramos desviarnos porque la convicción prevalecía. Si había un caos, luego venía la convicción. Frente a los desacuerdos y en tiempos de prueba, la presencia de Dios no iba a permitir que nuestros espíritus descansaran hasta que hubiéramos hecho bien las cosas. Estoy muy agradecida por eso.

Dios es simplemente increíble. Cuando usted hace de Dios el rey de su corazón, puede estar seguro de que Él se interesa por usted. Él cuida de su alma, se preocupa por ella y la nutre, además, Él la revuelve hasta que usted reconozca que está haciendo algo mal, y luego viene la reconciliación.

Una muestra de ira es sólo un camuflaje para el dolor en el interior de un alma herida. De ninguna manera esta es ira saludable. Es un veneno para el alma si no se controla. La magnitud de la ira que se muestra es a menudo directamente proporcional a la magnitud de las cosas ocultas dentro de su alma.

La ira ha dejado a muchos soldados heridos en el campo de batalla. Un día va a ir de nuevo al campo de batalla y se dará cuenta de que su ira mal dirigida e insana ha aplastado a los espíritus, incluido al suyo.

He visto a padres enojados hablar con ira a sus hijos, escupiendo palabras que han traspasado sus almas frágiles. He visto parejas decirse palabras duras que han quedado en sus matrimonios por años.

Tal vez le han dicho que no era lo suficientemente bueno,

que era feo e indigno de amor. Tal vez usted ha sido abusado y maltratado. Durante años usted ha estado cubriendo las heridas que siempre están presentes en su corazón. Cada vez que alguien toca por error sus heridas, estas sangran. El dolor es tan insoportable que no puede controlar su reacción.

¿Cuánto tiempo va a vivir teniendo que volver a vendar una herida que se niega a sanar a menos que haya una intervención divina? Quítese ese vendaje para siempre. Que Dios ponga sus manos sobre la herida y verá que se detendrá la hemorragia. Sí, puede doler, y usted sentirá la presión, pero al final de la jornada, esa herida ya no le afectará. Las cicatrices pueden permanecer, pero se convertirán en recuerdos de lo que ha superado. Va a salir adelante. Lo sé. He visto a la gente salir de los escombros de la desesperación victoriosamente.

La mejor manera de librarse de los efectos no saludables de la ira es hacer lo siguiente:

- Exponer la ira y quitarse el vendaje.
- Decirle a Dios que lo lleve a la raíz.
- No lo haga solo. Encuentre a alguien que ore por usted.
- Busque consejo. Hay capas que pelar y se necesita a alguien con experiencia para guiarlo a través del proceso.
- Esté libre de culpa.
- Confíe en Dios; confíe en el proceso.

Oh, qué Dios más amoroso tenemos. No hay nada tan horrible que podamos hacer para alejarlo. Cuando pecamos, el Espíritu Santo nos convence, no para condenarnos, sino para restaurarnos y recordamos la grandeza dentro de nosotros. Funciona de esta manera:

Imagínese oír constantemente: "Usted fue creado para la excelencia", o, "Los planes que tengo para usted son de bienestar". Imagine que desde el momento en que se despierta hasta que cierra los ojos por la noche, estas palabras están impresas en su espíritu. Ahora imagine al pecado que tiene en su vida chocando con la declaración del Espíritu Santo sobre usted. Usted es condenado. La convicción es tan fuerte que no hay más espacio para el pecado porque usted posee una conciencia de la grandeza de Dios en usted. Ahora el pecado tiene que irse para dejar espacio para la grandeza y los planes que Dios tiene para usted. Así es como funciona un Dios soberano y amoroso.

Controle lo que sale de su boca

Las mujeres son seres emocionales por naturaleza. Esta ha sido una excusa realmente buena para que se puedan salir con las suyas. Prácticamente puedo escuchar al hombre promedio que esté leyendo esto gritar ahora: "¡Aleluya! ¿Se da cuenta de que tenía razón?". Las emociones son pasajeras e inestables y no puede depender de ellas. De hecho, los crímenes pasionales a menudo han sido consecuencia de emociones fuera de control. Las emociones mal colocadas han sido la causa de relaciones extramatrimoniales, matrimonios rotos, fracasos en el ministerio, pérdida de empleos y enfermedades. Las cosas que salen de nuestra boca en momentos de enojo nos dejan perplejos cuando el enojo se aplaca, nuestro razonamiento regresa y somos capaces de reflexionar. Estar apto para su misión significa controlar lo que sale de su boca.

¿Alguna vez ha dicho algo, tan solo para lamentarse al segundo siguiente de haberlo dicho? He hecho eso demasiadas veces. No soy perfecta, de modo que tengo que confesar que de vez en cuando digo algunas cosas que desearía no haber dicho. Es por eso que, para mantener mi lengua bajo sumisión, cada mañana me presento delante del Señor y le digo: "Señor, no permitas que ofenda o dañe a alguien. Haz que piense antes de hablar". El libro de Proverbios afirma: "El que refrena su boca y su lengua se libra de muchas angustias" (Proverbios 21:23).

Cualquier cosa que sea aquello que no puede controlar, en última instancia lo controla a usted. Es hora de que dejemos que Dios se siente otra vez en el asiento del conductor y le permitamos tomar el control de nuestros pensamientos, emociones y deseos. No será capaz de satisfacer las necesidades de otros con efectividad si le falta autocontrol. Que Dios sea su motivación y no se rinda. Empiece ahora mismo. Dios le va a dar el valor, porque ya le ha dado el poder.

Esta es una vida de autocontrol:

- Vuelva su corazón a Dios.
- Clame al Espíritu Santo.
- No justifique la mala conducta, sino más bien llegue a la raíz de ella.
- Ore.
- Haga de Dios su motivación.
- Tenga valor.
- No desista.

Una publicación del grupo de Facebook "Aptos para su misión"

Hoy me siento orgullosa de mí misma. Fui capaz de mantener mis pensamientos bajo control y, por tanto, fui capaz de cumplir lo que necesitaba hacer. Estoy activando la Palabra.

Reflexiones

Mientras más fuera de control está usted, más control tiene el enemigo.

1. ¿Siente que el autocontrol es importante para su misión? ¿Por qué?

2. Cuando escucha la palabra *autocontrol*, ¿qué le viene a la mente?

SECCIÓN DOS:
LOS CUATRO PRINCIPIOS DE ESTAR LISTO PARA SU TAREA

Dios me dio cuatro principios que cambiarían mi vida para siempre. Estos principios me condujeron a la alineación total. Estoy segura de que lo mismo ocurrirá con usted. Los cuatro principios son la convicción, la confrontación, la revelación y la transformación. ¿Está listo? Aquí es donde la trama se complica. Hasta ahora he estado sentando las bases, pero ahora nos adentraremos en el tema.

Cuando usted entiende estos principios, se dará cuenta de que puede aplicarlos en todas las áreas de su vida. Cuando el Espíritu Santo me confrontó, me convenció de la necesidad que tenía de sanidad interior. Dios me tomó de la mano y me guió a cada área que necesitaba un cambio. Todo se estremeció y tuve que enfrentar cada asunto por separado. Recibí la revelación para lidiar con cada asunto y el tiempo era esencial. A medida que trataba con cada uno de los asuntos, ocurría una transformación en mi interior que me permitía ver con claridad lo que nunca antes había visto. Dios estaba revelando su verdadero propósito para mi vida. Había cosas que todavía no conocía o entendía sobre mí, y ciertamente había cosas que no conocía sobre el Dios a quien servía. Pero cuando entré al reino de lo desconocido, supe que nunca sería la misma de nuevo.

¿Está listo para recibir la dirección del Espíritu en su vida? Espere hasta que descubra el plan más grande. Su vida nunca será igual de nuevo.

Voltee la página. Es tiempo de descubrir algo más.

Capítulo 7

PASO 1: CONVICCIÓN

Y cuando Él venga, convencerá al mundo de su error en cuanto al pecado, a la justicia y al juicio.

« JUAN 16:8 »

Convicción [Griego: *élencos*]: reprobar, exponer, convencer, mostrar falta o pedir cuentas.[1]

DIOS SE MOSTRÓ cuando menos lo esperaba. Sentí su presencia cuando me movió de mi zona de confort y me puso en el centro de mi propia aridez. Sentí el peso de su mano sobre mi alma. Fue difícil entender la profundidad de lo que estaba sucediendo. Sus palabras perforaron mi corazón mientras la aflicción se apoderaba de mí, una aflicción que surgió de la pérdida que nunca había lamentado hasta ese momento. ¿Cuándo había muerto mi pasión, mi fervor, mi disciplina y mi amor por mí misma? Por primera vez me impactaron los problemas reales que me estaban estancando. Lo que había experimentado era convicción. Me di cuenta de una realidad que me llevó a un lugar de total revelación.

Para que entienda mejor la convicción, vamos a Isaías capítulo 6. El profeta Isaías está pronto a recibir su mandato del Señor, pero no antes de que sea convencido en su corazón. Analicemos esto de cerca:

> Vi al Señor excelso y sublime, sentado en un trono; las orlas de su manto llenaban el templo.
>
> —ISAÍAS 6:1

Quizás Isaías había estado llorando a su rey. El rey tuvo una muerte trágica, ¿y entonces qué? Qué oportunidad para que Dios demostrara su gloria, su misma naturaleza. Isaías se encuentra sin rey. El trono está vacío. No obstante el Rey de reyes está aún sentado en el trono. Puede que Isaías se haya sentido desalentado por la pérdida del rey, pero lo que ahora ve perfora su corazón. Queda fascinado por una adoración que nunca antes había oído. Una presencia ha llenado la casa. El Señor, su presencia y adoración, algo está por sucederle a Isaías.

Dondequiera que hay adoración verdadera, la presencia de Dios permanece. Dondequiera que Dios muestra su presencia, los corazones son conmovidos. No nos podemos esconder de la presencia de Dios. Es en la presencia de Dios que nuestros corazones reflejan nuestro verdadero ser. La convicción de Isaías fue grande cuando dijo:

> ¡Ay de mí, que estoy perdido! Soy un hombre de labios impuros y vivo en medio de un pueblo de labios blasfemos, ¡y no obstante mis ojos han visto al Rey, al Señor Todopoderoso!
>
> —Isaías 6:5

Ah sí, convicción en su máxima expresión. Isaías proclama que está perdido; esas fueron las buenas noticias. Ahora Dios es capaz de hacer algo aún más grande en su vida. Isaías reconoce que necesita a Dios. Reconoce su pecado. Sus ojos se abren a su pecado y al pecado del pueblo. Sus ojos se abren a la necesidad que otros tienen del Dios que él había buscado y que tanto necesitaba. Isaías no era un hombre malo. Era un profeta. Pero necesitaba un encuentro cara a cara con un Dios recto y santo.

Cuando nos alineamos con Dios, nos exponemos a su soberanía. Antes de que Isaías pudiera comenzar su misión, Dios lo llevó a un lugar de confesión: "Soy un hombre de labios impuros". Isaías reconoció que podía haber dicho y hecho cosas que no estuvieran agradando a Dios.

Espere, ¿acaso él no era un profeta? ¿Uno de los buenos? Tengo noticias para usted: aún los buenos necesitan experimentar la convicción de Dios. La convicción nos da un entendimiento, un conocimiento de que sin importar lo que hagamos mientras estemos en estas vasijas terrenales, en cualquier momento podemos fallarle a Dios. Podemos fallarle en nuestras palabras, nuestra conducta o nuestra misión.

Isaías reconoció en qué había fallado. Dios lo limpió y le dio órdenes para su nueva misión.

Mientras la voz de la convicción se apoderaba de mí, el Señor comenzó a recordarme varios escenarios de mi vida. Escenarios que por mucho tiempo permanecieron escondidos bajo las cubiertas de mi vida ministerial tan ocupada. No fue hasta que me expuse a la convicción que me di cuenta de que predicar y enseñar cuatro o cinco veces por semana además de mis compromisos para hablar fuera de mi iglesia local se estaba convirtiendo más en una rutina y menos en una pasión. De hecho, estaba pendiente de todo en mi carne, pero mi espíritu estaba lejos de sentirse comprometido. Así no es como Dios diseñó mi vida, no obstante era mi dura realidad.

No podemos escapar de la convicción. La convicción viene cuando Dios entra en nuestro corazón. La convicción produce dos cosas: nos hace estar conscientes de la disponibilidad de la gracia y la misericordia de Dios en nuestras vidas, y nos lleva a la confrontación con nosotros mismos. En medio de la convicción, nos sentimos un poco incómodos si hay áreas que no están alineadas. Mientras se revela la santidad, nos alarmamos por el pecado que está dentro.

Con respecto a la convicción, Oswald Chambers escribe:

> La convicción de pecado es una de las cosas que más raramente golpea a un hombre. Es la entrada a un entendimiento de Dios. Jesucristo dijo que cuando el Espíritu Santo venga convencerá de pecado, y cuando el Espíritu Santo despierta la conciencia de un hombre y lo trae de vuelta a la presencia de Dios, no es su relación con los hombres lo que le molesta, sino su relación con Dios.[2]

¿Entiende la profundidad de esta revelación? La presencia de Dios hará que analicemos la relación que tenemos con Él. El Espíritu Santo nos lleva ante su presencia, y en entrega total rendimos nuestros corazones a Dios.

La convicción no es exponer simplemente nuestro estado miserable. En lugar de eso está diseñada para ayudarnos a entender que Dios quiere llevarnos de vuelta hacia Él. Como resultado, caminamos en obediencia y vivimos para agradar a

Dios mientras servimos a otros. Por lo tanto, el movimiento de nuestro diario vivir ayuda a que otros transformen sus vidas.

Cuando el Espíritu Santo viene a proporcionar comunión con Dios, esto provocará que reevaluemos todo lo que hayamos hecho hasta ese momento.

Recordando la infame tarde de abril cuando me paré frente al espejo, tengo una palabra para describir lo que sentía. *Desnuda*. Recuerde, esto fue la noche que volví a casa después de ministrar en la conferencia de mujeres. Me sentí como si alguien me hubiera expuesto completamente y no tuviera ningún lugar donde esconderme. Pensé que podía irme y seguir viviendo la vida como de costumbre. ¿A quién estaba engañando? El Espíritu Santo tenía su mano de convicción sobre mí y no me dejaría ir.

Después de lo que yo creía había sido una noche increíble en la conferencia, me senté en mi oficina, me quité los zapatos, y me quedé en mi computadora. Podía sentir al Espíritu Santo presionando mi corazón. Quería correr. Quería esconderme. Me moría de ganas de quitármelo de encima. Tan horrible como se sentía en ese momento, es lo mejor que me ha pasado. Sentí como si Dios me hubiera hecho una lista de todo lo que tenía que cambiar y la hubiera puesto delante de mí.

Podía sentir y escuchar al Espíritu de Dios tocando el centro de mi alma y preguntándome: "¿Dónde has estado? ¿Dónde está tu pasión? ¿Dónde está tu fervor por la excelencia? ¿Cuándo cambió?".

"Oh, Señor, por favor, déjame", grité.

¿Qué estaba haciendo? Iba a darme lo que yo le había pedido. Le había pedido que me revelara su gran plan para mi vida. Le pedí que me moldeara, que me cambiara. Le dije que iba a seguir adelante en todo lo que tenía para mí. Le dije que iba a avanzar sin miedo. Sí, pero eso fue hace meses. Se me había olvidado. En verdad, ¿cómo pude subestimar el poder de una mujer que ora? Había invitado su presencia. Había invitado a su Espíritu a tomar mi corazón y hacer lo que le pareciera. Lo hizo, y me mostró que yo había permitido que la vida causara estragos en mi espíritu. Me había olvidado de cuidar de él.

A pesar de que amamos a Dios, la familia y todo lo que hacemos, llega un momento en nuestras vidas en que queremos despertar a algo diferente. Este momento puede ser alentado al sentir una falta de apreciación, al sentirse derrotado, o solo, por nombrar unos pocos. Curiosamente, esto puede ocurrir mientras estás rodeado de gente que te apoya y te quiere. Yo estaba allí. El enemigo había convertido los pequeños problemas de mi vida en algo bastante grande, y se habían convertido en monstruos completamente desarrollados.

La agenda del enemigo era paralizarme. Quería detener la misión de mi vida y mantener mis pensamientos cautivos en el miedo y la derrota. No quise hablar de eso con nadie. Si hablaba de eso, entonces lo estaba afirmando. Yo quería creer que se trataba de cuestiones pequeñas que no me afectarían. No me di cuenta de que al no hablar de eso, había contribuido al plan destructivo de ataque. Estas cuestiones no vinieron todas a la vez. Aparecieron como preocupaciones aleatorias, momentos de miedo, una crisis de vez en cuando, y así sucesivamente.

Tenga en cuenta que el enemigo era sutil en su acercamiento. No estaba claro hasta que algunos de estos sentimientos se convirtieron en parte de mis pensamientos cotidianos. Era evidente que algo andaba mal. La única cosa que me negué a hacer fue continuar con la falta de pasión por lo que amaba hacer: llevar la Palabra de Dios a su pueblo. Yo sabía que tenía que hacer algo.

Así que durante un año no acepté ninguna charla fuera de mi iglesia. Desde una percepción pública, no tenía una excusa legítima para tomar un año sabático. Sin embargo, Dios sabía la razón. Necesitaba que *mi* Dios tratara conmigo. Necesitaba confrontar algunos asuntos que tal vez eran insignificantes para algunos, pero sabía que para hacer lo que Dios había requerido de mí, tenía que enfrentarme a ellos.

Me tomé un semestre libre en la escuela de posgrado. Limpié mi agenda. Tenía una cita con Dios y no sabía cuánto tiempo iba a tomar. Pero estaba lista.

La convicción había llegado y no hay un sentimiento más grande que el de reencontrarse con la presencia de Dios. Esa convicción interna movió al Espíritu de Dios y su presencia se manifestó a través de todos mis razonamientos. Vine delante de Dios y lloré en arrepentimiento. Su presencia me acercó a Él, revelando su amor eterno e incondicional. Sólo Dios puede penetrar en nuestro corazón como una espada de dos filos y un bálsamo curativo a la misma vez. Me tomó de la mano y me llevó junto a aguas de reposo. Tenía sed de justicia, y el Pastor de pastores sabía exactamente donde necesitaba estar.

Había perdido demasiado tiempo entreteniendo al enemigo y a sus esquemas. Mi espíritu había estado en un letargo. Dios quería acelerar, no obstante, los problemas que yo ignoraba me impedían avanzar. Pero había llegado el momento y el tiempo era ahora. La convicción había llegado, y esperó a que yo abriera las puertas de mi corazón y me alineara para la misión que tenía delante de mí.

Quiero que su espíritu sienta que es imprescindible hacer un inventario de su vida. No descuide su ser espiritual. No quite la vista de los pequeños problemas. Le puedo asegurar que son mortales. Lentamente carcomen su espíritu. Analice detalladamente su vida. Sí, tome un momento. ¿Hay algunas áreas que están desequilibradas? ¿Hay cosas que parecen estar extrañamente fuera de su curso? ¡Alto! Eche un vistazo más de cerca. ¿Qué cosas no ha podido lograr debido a eso? ¿Cuáles son los pensamientos que vienen a la mente?

En mi caso, yo estaba perdiendo la pasión por lo que amaba hacer. ¿Qué había hecho o dejado de hacer para que eso sucediera? Necesitaba encontrar los factores que contribuían a eso para que pudiera enfrentarlos y tratar con ellos.

Tenemos que examinarnos a nosotros mismos y asegurarnos de que estamos alineados. No ignore las señales. No se conforme solamente con arreglárselas y salir adelante. Dios le ha llamado a vivir. Dios le ha llamado a disfrutar de su presencia y a sentir pasión por lo que hace. Es la pasión lo que le mantendrá enfocado en medio de los tiempos de prueba más difíciles.

No estoy diciendo que estar alineado con Dios significa que todo el dolor y los problemas se han ido. Estoy diciendo que estar alineado con Dios le ayudará a estar preparado para manejar cualquier situación que se presente. Estar alineado con Dios le ayuda a darse cuenta de que Él es su torre fuerte. Además, el Espíritu Santo habitará en un templo que esté en orden y listo para cumplir con una misión dada por Dios.

¿Se ha sentido atascado? Ya sabe, ¿atascado en el mismo lugar, mientras que otros se están moviendo hacia adelante? ¿Atascado mientras otros están creciendo en Dios, en las bendiciones, la provisión, las puertas abiertas, y el favor? Yo también me he sentido así. Conozco a unas pocas personas que niegan que se hayan preguntado por qué Dios demora algunas cosas. No fue hasta que me rendí por completo a Dios que, casi de inmediato, empecé a experimentar puertas abiertas que nunca había pensado que se abrirían. Empecé a ver el cumplimiento de los sueños que sólo Dios conocía.

¿Qué marcó la diferencia? Antes de mi año de completa convicción, confrontación, revelación y transformación yo estaba sirviendo a Dios en mis términos. Esto es lo que quiero decir con *mi manera de servir.* Dios todavía estaba haciendo cosas buenas en mi vida, porque así es Dios. No dejará de bendecirnos. No creo que Él tenga el carácter para detenerse. ¿Por qué lo haría? Eso haría que fuera como nosotros. El amor de Dios es incondicional hacia nosotros. Nunca vamos a entender sus caminos, porque sus caminos son más altos que los nuestros.

Yo no estaba del todo en forma, así que no era una buena administradora de lo que Dios había depositado en mi interior. Cuando Dios me hizo estar consciente de eso a través del Espíritu Santo, trascendí a un lugar de revelación donde comprendí la importancia del gran plan para mi vida.

Como resultado, soy libre de creencias religiosas, que muchas veces yo misma evocaba en un intento por creer que estaba agradando a Dios. Usted sabe la clase de creencias de las que estoy hablando: "Se supone que debo hacer esto", o "No tengo que hacer eso".

Dios me llenó de su amor y de su justicia para que yo pudiera seguir todo lo que es correcto. Me volví transparente y permití que otros vieran a Dios trabajando en mí y a través de mí. Mi postura cambió ya que ahora tengo una nueva relación con Dios. Antes yo sabía *de* Él, pero ahora siento que lo conozco, que realmente lo conozco. Me sentí como Job (aunque yo no soporté todo lo que él soportó) cuando declaró: "De oídas había oído hablar de ti, pero ahora te veo con mis propios ojos" (Job 42:5). Tuve un encuentro con Dios.

No deje que la palabra *convicción* le asuste. La convicción no es lo mismo que la condenación. La condenación dice que no hay esperanza para usted. Pretende señalar sus pecados y hacerle sentir culpable. La convicción dice que Dios ve la grandeza en usted y quiere llevarle a un encuentro íntimo con Él. La condenación pretende acusarle; la convicción busca reivindicarle. La condenación está llena de dogmas religiosos; la convicción está llena de sentido relacional. La condenación derriba; la convicción edifica. Usted entiende.

Sé de alguien que estaba pasando por una serie de circunstancias. Quiero decir que francamente estaba lloviendo en su vida, y no eran lluvias de bendiciones. Parecía como si hubiera truenos y relámpagos todos los días. ¿Conoce usted el viejo refrán: "las desgracias siempre vienen juntas?".

Esta persona no fue derribada fácilmente. El servicio a la comunidad y el compromiso eran su mayor fortaleza. Ese tipo de servicio le daba alegría y satisfacción y nadie iba a cambiar eso. Esta persona estaba enfocada y cumpliendo su misión. Sin embargo, me di cuenta de que el comportamiento de esta persona estaba cambiando. Todavía estaba ocupada en el trabajo y en su misión, pero de alguna manera parecía diferente.

Semanas más tarde esta persona confesó ser adicta a la pornografía, y que la convicción había golpeado tan fuertemente su espíritu que éste estaba inquieto. Esta persona sabía que tenía que confesar y que la rendición de cuentas era una necesidad si quería ganar la batalla contra esta adicción. Después que habló de ello e hizo planes para medidas correctivas, la paz sustituyó a la ansiedad y a la intranquilidad del alma.

Yo estaba muy impresionada por el coraje que esta persona tenía para moverse en la profunda convicción interior. La convicción era tan fuerte que el pecado ya no podía seguir viviendo. La capacidad de superación y conquista fue una consecuencia de hacer caso a los tirones del Espíritu Santo y de saber que la dependencia se basaba solo Dios.

¿Se da cuenta de lo importante que es tener convicción? Nos libera para volver al plan original de Dios para nuestras vidas. Vamos a luchar, y algunos a luchar más que otros. No estamos libres de ataques. Sin embargo, según el Espíritu Santo se mueva dentro y según como cuidemos y alimentemos a nuestro ser espiritual, estaremos preparados para enfrentar los retos y salir victoriosos.

Ama a tu prójimo como a ti mismo

Servir a los demás no significa olvidarse de uno mismo. He oído muchos mensajes y estudios sobre el pasaje de las Escrituras en relación a amar a nuestro prójimo como a nosotros mismos (ver Marcos 12:31). Muy a menudo, la atención se centra en "el amor al prójimo". Si bien ésta es la Palabra de Dios, y ciertamente la acepto, no puedo pasar por alto la segunda mitad que dice: "como a ti mismo".

¿Qué significa amarme a mí mismo? Tuve que preguntarle a Dios, porque este versículo había golpeado fuertemente mi espíritu. Yo sabía que Dios quería darme una revelación. Mientras Dios trataba conmigo, esta porción de la Escritura se hizo más relevante y más precisa.

Supongamos que usted se da cuenta de que alguien a quien usted ama está lastimando o descuidando áreas de su vida. ¿Lo ignoraría? ¿Nunca lo enfrentaría? ¿O haría lo que esté a su alcance para hacer frente a los problemas y ayudar a la persona a sanar?

Sé que yo no pasaría de largo y pretendería que no existe. De hecho, mi amor por la persona me obligaría a detenerme y prestar atención a la necesidad. ¿La motivación? El amor. El amor aborda los problemas. El amor se rinde al cambio. El amor no es egoísta. ¡El amor actúa!

Esta es un área en la que Dios me convenció. Él me preguntó: "¿Cómo puedes amar a los demás como tú dices que haces, cuando no te amas a ti misma tanto como para preocuparte acerca de los problemas de tu espíritu, alma y cuerpo?" Quedó claro que si fui llamada a amar a mi vecino, entonces yo tenía que amarme a *mí* primero. Tenía que cuidar de mis problemas de inmediato.

El cuidado personal se convirtió en una prioridad. Tenemos que ser buenos con nosotros mismos. Somos las vasijas que Dios ha elegido para cumplir a su misión. Cuando el hombre interior está bien cuidado, todo lo demás fluye en armonía.

Así que tomé una decisión. Me voy a centrar más en mi aspecto interior. ¿Cuán bueno era tener un buen traje con los zapatos y los accesorios adecuados si el hombre interior era un desastre?

Le animo a orar y pedirle a Dios que lo convenza y le presente una imagen clara de todo su ser. No hay nada que temer y mucho que ganar. Lo sé porque yo lo vivo todos los días. Hágase preguntas importantes tales como estas:

- ¿Estoy donde Dios quiere esté?
- ¿Cómo está mi vida espiritual?
- ¿Tomo tiempo para cuidar de los asuntos de mi corazón?
- ¿Cuido de mí mismo?
- ¿Cuándo fue la última vez que sentí convicción?

He visto que muchos vienen a Dios en arrepentimiento cuando reciben la convicción que los ha lanzado hacia la justicia de Dios.

Cuando usted entre en el reino de un mayor entendimiento y una revelación más profunda, el Espíritu Santo lo dotará de sabiduría para cumplir toda su misión.

Hablo con el ser espiritual dentro de usted: "¡Levántate y resplandece, que tu luz ha llegado! ¡La gloria del SEÑOR brilla sobre ti!" (Isaías 60:1).

Una publicación del grupo de Facebook "Aptos para su misión"

¡Su presencia es más que suficiente! Dios ha estado preparando mi corazón en estos últimos días para alabar a pesar del dolor, porque la sanidad y la restauración vienen cuando exaltamos su nombre.

Reflexiones

Dios quiere restaurarnos de nuevo hacia Él.

1. El cuidado de uno mismo es importante. Dios quiere que cuidemos de nosotros mismos. ¿Cuáles son algunas cosas que puede hacer para facilitar el cuidado de usted mismo? Siga adelante y haga una lista, a continuación, haga un plan para ponerlas en práctica.

____

____

____

____

____

____

2. Escriba cómo le ha impactado este capítulo sobre la convicción.

____

____

____

Capítulo 8

PASO 2: CONFRONTACIÓN

> En cambio, el que no la conoce y hace algo que merezca castigo, recibirá pocos golpes. A todo el que se le ha dado mucho, se le exigirá mucho; y al que se le ha confiado mucho, se le pedirá aún más.
>
> « LUCAS 12:48 »

Confrontación: "Estar cara a cara con algo".[1]

En 2 Samuel 12:7 encontramos que el rey David está siendo confrontado por el profeta Natán porque David cometió adulterio. Como resultado, Betsabé, la mujer con quien ha cometido adulterio, quedó embarazada. David trata de responsabilizar por el embarazo al esposo legítimo de Betsabé, Urías, quien acaba de regresar de la guerra.

El tratar de responsabilizar a otros es en realidad un intento por ocultar el pecado de adulterio de David. Su plan fracasa porque Urías se niega a caer en la trampa. David pone a Urías en una posición militar comprometedora, donde finalmente muere. Ahora que Urías está muerto, David toma por esposa a la mujer de Urías, Betsabé, quien ventajosamente ha enviudado. Aquí tenemos a un gran rey con una misión dada por Dios cediendo a los deseos de la carne.

David pudo haber pensado que podía seguir adelante con su vida. Sin embargo, Dios tenía otros planes. Dios necesitaba confrontar a David. La misión de David no estaba terminada, y él había sido elegido, ungido y bendecido para esta misión. Dios le había dado mucho a David, y a quien Dios le ha dado mucho, mucho se le demanda.

Dios no quería que David viviera con secretos ocultos en el interior de su corazón. Así como Él se ocupó de David, Él trata con nosotros. Él nos expone a las cuestiones no resueltas que retrasan el llamado y el propósito de nuestras vidas. El enemigo quiere impedirnos que avancemos en la vida. Trata de inculcarnos el miedo, la culpa y el arrepentimiento. Desea mantenernos confinados y estancados. Sin embargo, no podemos tener miedo de enfrentar las situaciones de la vida. ¡La confrontación no es un medio para condenarnos, ni es para recordarnos nuestros fracasos! Por el contrario. La confrontación abre la puerta para que podamos recibir restauración y alineamiento espiritual.

Llegará un punto en nuestras vidas donde tendremos que confrontar los malos comportamientos, los hábitos dañinos y los pensamiento erróneos del pasado. ¡Tenemos que estar dispuestos a tratar con todo! No podemos elegir lo que estamos dispuestos a afrontar. Debemos pedir a Dios que nos dé valor para aceptar todo lo que Él quiere que cambiemos. Tenemos que examinar esas áreas y clamar a Dios: "¿Qué he hecho para obstaculizar, estancar y retrasar la misión?". Permita que el Espíritu Santo le hable a su corazón, y al igual que David, confiese: "Señor, he pecado contra ti".

El espíritu de David se despertó a la realidad de que había pecado contra Dios. El profeta Natán lo confrontó, y cuando David se dio cuenta de la verdad desgarradora, de inmediato abrió la boca y confesó. La carne le había llevado a pecar. Sin embargo, Natán le hizo saber que Dios ya lo había perdonado. ¿Hubo consecuencias? Por supuesto. Siempre hay consecuencias para todo lo que hacemos. Sin embargo, esto no significa que nos mantengamos en un pozo de desesperación. Debemos soltar y seguir adelante.

Dios está ante nosotros, nunca nos deja solos para hacer frente a nuestros problemas. Él quiere que seamos libres de esas cosas que se quedan escondidas en nuestra alma. Dios quiere que seamos libres: libres para adorarle, libres para cumplir nuestra misión y libres para vivir una vida plena y rica, donde nuestros sueños están unidos al deseo de Dios para crear nuestro destino. A medida que nuestros corazones se alinean a su voluntad, nos comprometemos con sus sueños y deseos.

Unos capítulos atrás compartí con usted que para mí la confrontación llegó como un tsunami. Todo lo que pensaba que tenía en orden se movió repentinamente, y lo único que veía ante mí era el caos. Si iba a confrontar algunas cosas, entonces yo tenía que confiar en que Dios iba a preparar mi corazón para recibir las verdades dolorosas sobre algunas de estas áreas de mi vida. Y eso hizo. Yo sabía que no quería vivir en un caos por más tiempo. De hecho, mi espíritu no lo permitiría. Fui removida y desperté a una nueva y mejor forma de pensar. Había experimentado a Dios de manera diferente. Fue una experiencia íntima y personal. Él había hablado directamente a mi corazón, y sabía que había tesoros esperando por mí: puertas abiertas, oportunidades, nuevos hábitos, una nueva relación con Él y una revelación más profunda.

Si usted desea estar apto para todo lo que Dios está a punto de hacer en su vida, este es el momento de enfrentarse cara a cara con algunos problemas. No hay lugar para el miedo. De hecho, en el momento en que esté listo para subir al cuadrilátero y enfrentarse a algunos de sus problemas, usted descubrirá que Dios ya está presente.

Cómo el Señor me llevó a iniciar el "Desafío de treinta días" para estar apta para mi misión

Durante uno de mis tiempos de oración, el Señor puso en mi corazón el deseo de comenzar un desafío de treinta días para prepararme para mi misión. Este desafío incluiría el alineamiento espiritual, físico y emocional. Animé a las damas del grupo de nuestra página en Facebook a unirse a mí. Comenzamos publicando fotos de nuestro "antes". Me tomé una foto de cuerpo entero y la envié al grupo. Las mujeres siguieron mi ejemplo. Todas estaban emocionadas. Había mucho ímpetu. Nos íbamos a rendir cuentas mutuamente. Todas estaban ansiosas por empezar.

Mientras me preparaba para dirigir y asumir este reto, le pedí a Dios que nos revelara su corazón cada día. Hubo más de setecientas mujeres que aceptaron el desafío, un número relativamente grande teniendo en cuenta que este era un grupo pequeño y privado. Mi trabajo estaba hecho, y yo estaba muy emocionada. Todas estaban decididas a aceptar el desafío con entusiasmo. Cada día me sentía bendecida al leer los mensajes de las mujeres en todo el país desafiándose para estar aptas en todos los ámbitos.

Cada día me levantaba temprano y antes de irme para la oficina, publicaba una escritura y un desafío para ese día en particular. Animé a cada mujer a aprovechar el día, afrontar el desafío, orar y memorizar la escritura del día. También las animé a compartir sus experiencias al final de cada día. Me di cuenta de que Dios me estaba preparando aún más para adquirir algunos hábitos nuevos y romper con algunos viejos. Dios estaba listo para confrontarme mientras yo animaba a otros a confrontar sus problemas.

Mientras pasaban los días, la mayoría de las mujeres estaban listas para los desafíos. La primera semana le dije a cada mujer que creara un *collage* que la representara bien. También les dije que compartieran los sentimientos y las emociones que sintieron al crear sus *collages*.

Bueno, las chicas comenzaron a publicar sus *collages* y a compartir sus experiencias. Pero había un problema, yo todavía tenía que crear mi *collage*.

La primera semana del desafío aún estaba por terminar cuando sentí al Espíritu Santo tocando mi corazón y diciéndome: "Reina, ¿y tú? ¿Has orado? ¿Memorizaste tu escritura? ¿Y dónde está tu *collage*?".

Sí, Dios pedía más de mí.

¿Pensé que podía salirme con la mía? En ese momento no vi nada malo en ello. Iba a hacerlo, pero lo haría durante mi tiempo "libre". Aquí estaba yo de nuevo, diciéndole a Dios que lo haría en mi tiempo y en mis términos. ¿A quién estaba engañando? Yo rara vez tenía tiempo libre. La dilación se había levantado y mostrado su rostro. Había alentado a las mujeres para completar su reto, y yo todavía tenía que empezar el mío. El Señor me confrontó con el hecho de que en los últimos años me había convertido en una experta en dejarlo todo para después. Había perdido oportunidades. Pero eso estaba por cambiar. ¡No estaba dispuesta a pasar otro año sin estar apta! Decidí resolver todos mis problemas.

Me di cuenta de que Dios me había preparado para iniciar el reto de treinta días para que pudiera confrontar algunas esferas de mi vida. ¿Acaso creía que Dios iba a esperar a que yo lo tuviera todo resuelto para ponerme en una nueva misión? ¡No!

Usted ve, los caminos de Dios no son nuestros caminos, sus caminos son mucho más altos. Él me dio una nueva misión y la utilizó para facilitar el alineamiento en mi vida. En ese momento de mi viaje pensé que me había ocupado de todo lo que me debía ocupar.

No hay duda de que si vamos a enderezar nuestros caminos torcidos, a menudo necesitamos venir a Dios para un alineamiento espiritual. No podemos llegar a ser tan "espirituales" que sintamos que no necesitamos que Dios nos alinee de vez en cuando. De hecho, cada vez que doblemos nuestras rodillas para orar o abramos la boca para adorar, debemos invitar a Dios a traer alineamiento espiritual a todas las áreas de nuestras vidas.

Durante treinta días tenía que ser coherente y estar enfocada. Necesitaba orar cada mañana, leer la Escritura, y escuchar a mi corazón para saber cuál sería el reto diario. Como puede ver, Dios me estaba moviendo para salir del estancamiento y romper el espíritu de la dilación.

Un día, era como la una de la mañana, cuando declaré audazmente: "Dilación, esta es la última vez que eres parte de mí. Me voy a deshacer de ti. ¡Ya no tendrás el control sobre mí!".

En el momento en que la llamé por su nombre, no sólo me ocupé de ella, sino que también la identifiqué. Sabía lo que me estaba obstaculizando y sabía que podía destruir mi propósito. No estaba dispuesta a permitir que la dilación me demorara por más tiempo.

La dilación tuvo que irse porque había cosas que Dios deseaba que yo hiciera y que las hiciera ahora. Esas cosas no podían esperar. El tiempo era de vital importancia.

Si vamos a cambiar, tiene que ser ahora. Si el Espíritu de Dios nos impulsa, es un buen indicador de que la activación debe iniciarse ahora y no mañana. No podemos conformarnos con esperar hasta mañana, o esperar hasta que sintamos que estamos listos.

Tenía una responsabilidad con estas mujeres, conmigo

misma y con Dios. ¿Realmente pensé que podría poner mi propio tiempo para cumplir con las tareas que Dios me había dado? ¡No! Tenía que aprovechar cada momento dado por Dios y tenía que comenzar ahora.

Los detalles son importantes

Importa que estemos a tiempo con nuestra misión. Muchos de nosotros venimos de diferentes clases sociales y tenemos diferentes misiones. Tengo la misión de cuidar y alimentar a dos hijas hermosas que Dios me ha dado. Hace algún tiempo leí un libro titulado *El año del pensamiento mágico.*

Joan Didion representa su dolor personal cuando expone la realidad de la enfermedad y la muerte. En el libro, escribe: "La vida cambia rápidamente. La vida cambia en un instante. Se sienta a cenar y la vida como usted la conoce termina".[2]

Después de leer el libro, fui a ver el monólogo en Broadway. Joan Didion, interpretada por Vanessa Redgrave, comenzó a describir a su hija que estaba luchando contra el cáncer. Incluso describió lo que su hija llevaba puesto en un día particular. Cada detalle de la cabeza a los pies era como un retrato que se pintaba en los lienzos de mi mente.

Después del espectáculo de Broadway, quería sentarme y disfrutar de la experiencia completa de un monólogo tan intenso. Mi esposo y yo fuimos a uno de nuestros lugares favoritos en la ciudad de Nueva York, cerca del teatro. En el momento en que me senté, sentí una oleada de emociones dentro de mí. Apenas podía decir una palabra. Mirando hacia abajo y sintiéndome tan avergonzada para mirar a mi marido a los ojos, le dije: "No puedo recordar lo que mis hijas llevan puesto hoy". Apenas había terminado la frase cuando comencé a llorar.

Mi esposo me miró y escuchó.

Acababa de ser confrontada con la realidad de que había llegado a estar tan ocupada con tantas otras cosas que había descuidado mi tarea como madre. Continué: "¿Y si les pasara algo? ¿Puedo describir lo que están usando?". Me dolía el corazón; dos joyas preciosas y yo había pasado por alto los detalles.

Esto le puede parecer un poco extremo. Usted puede

estar pensando: "Reina, no siempre podemos recordar lo que nuestros hijos llevan puesto. Eso no nos hace malos padres".

Permítanme compartir mi punto de vista. Mis hijas no eran adultas. No estaban viviendo fuera de mi casa. Eran niñas, vasijas frágiles. Yo las vestía y peinaba cada mañana. ¿Cómo no iba a recordar? Ese era un momento de Dios, una confrontación que exigía que me ocupara de la situación en cuestión. Dios me mostró que cuando estamos en una misión tenemos que estar concentrados en todos los aspectos de la misma. Cada vez que las vestía estaba compitiendo con el tiempo. No estaba completamente presente. Se me hacía tarde o tenía demasiadas cosas en mi mente. Sí, estaba proveyendo para sus necesidades, ¿pero les estaba dando lo mejor de mí? Esto es lo que Dios quería que yo entendiera. Dios va a usar cualquier oportunidad para confrontarnos y volvernos a alinear. Esto no quiere decir que no amaba a mis hijas, simplemente quiere decir que me descuidé en mi tarea. Honestamente puedo decir que ese momento crucial marcó mi vida para siempre.

La diferencia entre la convicción y la confrontación

Cuando pensamos en la palabra confrontación, a menudo pensamos en las connotaciones negativas. El enemigo quisiera que nos alejáramos de esa palabra. La verdad es que la confrontación es la exposición de algo, trayéndolo al frente, y tratando con él de una manera audaz, decidida y firme. La confrontación no se trata tanto de confrontar a alguien o de que alguien lo esté confrontando a usted. El tipo de confrontación de que estoy hablando es un encuentro cara a cara con uno mismo y con Dios. No hay dos caminos. Es Dios que está frente a nosotros y nos dice: "Te amo tanto que quiero que vayas con audacia y confrontes esos asuntos que te controlan. Enfrenta esas cosas que están escondidas en los rincones de tu alma."

La confrontación se produce después de que usted se ha convencido de esas cosas que le han mantenido cautivo. Mi esposo diría que la confrontación es la "acción" de la toma de decisiones. Como ve, la toma de decisiones comienza en la mente. Usted puede tener la convicción e incluso tomar una decisión mental, pero hasta que no se toman medidas, usted permanecerá en el mismo lugar en el que recibió su convicción. Él lo diría de esta manera: "Visión sin la decisión de tomar acción es sólo una ilusión". Me encanta como suena en español.

¿Recuerda la parábola del hijo pródigo en Lucas 15:11-32? No había duda de que después de desperdiciar la herencia de su padre, se encontró recordando los viejos y buenos tiempos. Mientras estaba sentado deseando comer las algarrobas que comían los cerdos, la convicción lo golpeó. El hijo volvió en sí y dijo: "Me levantaré" (v. 18, RVR 1960). Él tomó una decisión mental y tuvo que enfrentarse primero a sí mismo y luego enfrentar, o encarar, a su padre en arrepentimiento. Él dijo: "Le diré: Padre, he pecado contra el cielo y contra ti" (v. 18).

Espere, hasta ahora las intenciones son grandes. La toma mental de decisiones está allí. Pero la verdad es que él todavía estaba en el mismo lugar. No es hasta que vemos, "Y levantándose, vino a su padre..." (v. 20, RVR 1960), que la verdadera confrontación comenzaba.

No gaste su vida en una ilusión, pensando: *y si...*¿Qué pasaría si me hubiera enfrentado a mis problemas? ¿Qué pasaría si hubiera pedido disculpas? ¿Qué pasaría si me hubiera arrepentido? ¿Qué pasaría si hubiera perdonado? Usted no fue creado para el chiquero, fue creado para disfrutar las bendiciones y la libertad de ser un hijo de Dios.

Déjeme llevarle de nuevo al reto de treinta días. Las mujeres que participaban en el desafío estaban a sus anchas en la primera semana. Estaban publicando sus testimonios. Algunas publicaron testimonios sobre dejar el hábito de fumar. Otras estaban practicando ejercicios por primera vez en muchos años. Los testimonios eran muchos para ponerlos aquí.

La primera semana era sobre la alimentación y el bienestar físico. ¡Estábamos animadas! Entonces llegó la segunda semana. Aquí es donde las cosas cambiaron.

Hasta ese momento todas lo estaban haciendo muy bien. No estoy sugiriendo que es fácil dejar malos hábitos alimenticios, dejar de fumar, o acostumbrarnos a practicar ejercicios. De ninguna manera. Había una plataforma para hablar de sus luchas mientras otras mujeres se llenaban de valor para ser transparentes y animarnos unas a otras. Sin embargo, llegó el momento para que Dios llevara ese desafío a otro nivel. Estábamos a punto de exponer las áreas de nuestras vidas que se habían mantenido ocultas, algunas demasiado dolorosas para soportarlas.

¿Por qué mantenemos escondidas las cosas que nos han herido? Para protegernos, es por eso.

En la segunda semana del desafío las mujeres realizarían un examen interno a través de diversos retos. Esto brindaría la oportunidad para reflexionar internamente y una oportunidad para hacer frente a los asuntos del corazón. Mi objetivo era que las mujeres comenzaran a explorar los "porqués" de los malos hábitos, así como otros elementos que ellas sentían que habían afectado su capacidad para estar alineadas mental, física y espiritualmente.

A lo largo del desafío, descubrí que las mujeres no se sentían cómodas hablando de sus luchas con los hábitos alimenticios. La mayoría de las mujeres estaban dispuestas (y algunas eran muy entusiastas) para hablar de su relación con la comida, pero no de los malos hábitos.

Una mañana, durante la segunda semana del desafío, les presenté un reto diferente y todo cambió. Les pedí a las mujeres que se sentaran en silencio y escribieran lo que les viniera a la mente. No se les permitía pensar mucho. Tenían que escribir sin hacer correcciones o leer de nuevo lo que habían escrito hasta que terminaran.

¿Se puede decir, "resistencia"? Algunas de las mujeres fueron lo suficientemente valientes para decir: "No. Yo no voy a hacerlo". Otras fueron indecisas pero lo hicieron. No quería obligar a nadie a hacer algo para lo que no estaban dispuestas.

Sin embargo, una mujer compartió su experiencia. Dijo que de alguna manera era lo más doloroso que había hecho, y de otra, lo más liberador. Oró y comenzó a escribir. Después de que terminó, volvió a leer las cosas que había escrito. Eran cuestiones profundas del corazón. Se dio cuenta de que había problemas en su corazón que sabía que tenía que enfrentar si quería estar apta espiritualmente. La parte más difícil para ella fue estar cara a cara con todos los errores que sentía que había cometido en su pasado. Estaba viviendo con la culpa del divorcio, el mal camino de los hijos y las adicciones personales.

Como esta mujer hay muchas personas que están atadas y esclavizadas por su pasado. El enemigo, el gran acusador, ha hecho un buen trabajo al alejar a algunas personas de su destino y propósito.

¿Se ha sentido avergonzado por algo? Bueno, ¿le puedo decir que la vergüenza es lo que hace que muchas personas no enfrenten sus problemas? El dolor por las conductas equivocadas y las malas decisiones ha mantenido a muchos cautivos en una red de negación. Las voces internas suenan así: "Si yo lo mantengo oculto y escondido al final me voy a olvidar de eso. Si me enfrento a eso, significa que soy responsable y no puedo soportar la idea de enfrentar esa verdad".

Algunas personas no se encontrarán cara a cara con sus problemas, porque si lo hicieran, significa que están obligadas a validar que esas cosas sucedieron de verdad. Para algunos, eso es muy doloroso. Por lo tanto, van a encontrar otras cosas en que centrar sus esfuerzos en lugar de enfrentarse a su verdad.

C. S. Lewis escribió:

> El dolor mental es menos dramático que el dolor físico, pero es más común y también más difícil de soportar. El intento frecuente por ocultar el dolor mental aumenta la carga: Es más fácil decir: "Tengo dolor de muelas" que decir, "Mi corazón está roto". [3]

¿Ve el engaño que hay ahí? Eso no es lo que Dios quiere para usted. El enemigo quiere mantenerlo confinado, cautivo y estancado. Dios quiere que usted sea libre de cualquier cargo en su contra. No piense que usted no posee los recursos necesarios para hacer frente a sus problemas. Él le ha enviado el Espíritu Santo. Esto significa que usted tiene el poder para hacer frente a los problemas que le impiden cumplir con su misión. Tiene que avivar al Espíritu de Dios en usted y vivir en la fe. Comience a aplicar la Palabra en su vida.

> Ustedes han recibido al Espíritu Santo, y Él vive dentro de cada uno de ustedes.
>
> —1 JUAN 2:27, NTV

Dolor oculto

"Si usted quiere ser libre, tiene que confrontarlo," le dije, mientras ella me miraba con lágrimas en los ojos.

"Yo no lo puedo perdonar", dijo. "Él abusó de mí durante años. No lo puedo enfrentar".

Yo no podía entender su dolor. Nunca había experimentado los horrores que esta mujer había experimentado cuando era niña. Él la había despojado de su inocencia. Eso se prolongó durante años. Entonces, un día, ella reunió el valor suficiente para preparar una maleta pequeña y con gran temor a lo desconocido, salió para no volver jamás. Metió el horror en un lugar secreto de su corazón. Lo cerró con llave y nunca lo abrió de nuevo.

Avance rápido, ¿y qué es lo que veo en la historia de la vida de esta mujer? Dos relaciones fallidas, intentos de abuso, adicción y suicidio. A pesar de que más tarde había entregado su vida a Dios, hoy, esta joven hermosa, profesional, estaba sentada en mi oficina, destruida y horrorizada por los recuerdos de su infancia que han resurgido.

A simple vista, lo tenía todo bajo control. Sin embargo, algo estaba sucediendo. A medida que Dios se estaba preparando para promoverla en su ministerio, algo se estaba desatando en su corazón. Las puertas de los lugares secretos que había cerrado con llave se habían abierto y surgió el horror de muchos años atrás.

Dios quería que se enfrentara a su mayor dolor. Necesitaba estar completamente libre. Dios quería promoverla y bendecirla más allá de sus expectativas más grandes.

Hacía siete años que había entregado su vida a Cristo. Pensó que había perdonado a su padre. Sin embargo, un día, mientras oraba, se enfrentó a su dolor. Se dio cuenta de que no lo había perdonado. Se convenció a sí misma de que él no iba a afectar su futuro. Iba a liberarse de él, sin embargo, él todavía controlaba sus emociones.

Su amor por Dios fue la fuerza que la llevó al hospital donde su padre estaba como paciente. Estaba muy enfermo. Ella estaba allí para hacer frente a uno de sus más grandes miedos y perdonar. No estaba sola, porque a pesar de todo, Dios estaba con ella. Fue convencida, confrontada y prevaleció.

Si Dios nos llama a estar cara a cara con nuestros mayores temores y dolores, Él va a estar ahí con nosotros. Él no nos dejará ni nos abandonará. Esta es la confianza que tenemos. Nuestro trabajo es creer y confiar en Dios.

Ella le miró a los ojos y con lágrimas en sus ojos, dijo: "Papá, me abusó sexualmente, y me dolió durante mucho, mucho tiempo. Pero estoy aquí para decirle que yo lo perdono".

¡Ella lo hizo! Fue liberada de la esclavitud dc la falta de perdón. Imagínese el peso que se desprendió de sus hombros.

Usted puede hacerlo también. Usted tiene el poder de perdonar. Perdonar a alguien no significa que acepta el mal causado. Esto significa que el mal que le causaron ya no tiene poder sobre su vida.

Hoy ella está en una misión y cumpliendo el llamado de Dios para su vida. El horror se convirtió en su testimonio y muchos han sido transformados como resultado de eso. Los pecados de su padre ya no tienen poder sobre su vida.

Aprender a soltar

¿Está dispuesto a dejarlo ir? ¿Liberarse de todo lo que ha obstaculizado su progreso? Repito, usted debe llegar a la raíz de sus dolencias. Hay que extraer la raíz para pueda crecer una nueva semilla de esperanza y restauración. Hasta que se enfrente a las cosas que controlan sus pensamientos y sus emociones, usted no será capaz de alejarse y cumplir con su misión eficientemente. Donde quiera que vaya le seguirán el dolor y los problemas no resueltos. Hasta que se libere a sí mismo, Dios no puede fluir en usted. ¿Cuáles son esas cosas que hay que enfrentar y soltar?

- Heridas del pasado
- Abuso
- Malos pensamientos
- Malos hábitos alimenticios
- Miedo
- Falta de perdón
- Amargura
- Traición

Cuando asuntos como éstos permanecen dentro de su corazón demasiado tiempo, pueden convertirse en un veneno para el alma. Echan raíces, y a medida que continúan creciendo en el interior, se enredan con otras actividades internas. Antes de que se dé cuenta estará en una caótica red espiritual, física y emocional.

De hecho, no podemos disfrutar realmente de las bendiciones, las puertas abiertas, la provisión o las oportunidades a menos que haya habido una limpieza del alma. Hubo momentos en que Dios me hubiera bendecido de manera específica, pero no pude disfrutar de las bendiciones, porque estaba concentrada en algún otro problema que pasaba en mi vida.

Hay cosas que no debemos ignorar. Cada día que nos despertamos, abrimos nuestros ojos y bebemos nuestra bebida favorita es un momento de Dios y una oportunidad para disfrutar de lo mejor de Dios. Sin embargo, muchos de nosotros lo llenamos con problemas y preocupaciones por cosas que Dios puede manejar. A menudo esto pasa como consecuencia de asuntos del corazón, no resueltos, que deben ser confrontados.

¿Qué está dispuesto a hacer para llegar al lugar donde Dios quiere que esté? ¿Está dispuesto a enfrentar sus problemas?

Había una mujer que padecía de flujo de sangre desde hacía doce años (ver Lucas 8:43-48). Esta mujer intentó todo en un esfuerzo por mejorar. Ella había buscado tratamiento y consultado a los médicos, todo fue en vano. Me imagino que esta mujer estaba agotada tanto física como emocionalmente.

Un día en particular, su espíritu se conmovió. Esta mujer estaba decidida a encontrarse cara a cara con su problema y decir: "Ya es suficiente". Este fue el día en que Jesús estaba en la ciudad. "Si lo hizo por los demás, entonces Él puede hacerlo por mí", pudo haber pensado. Se encontró cara a cara con sus miedos, la multitud y sus circunstancias. Alcanzando a Jesús, se acercó por detrás y tocó su manto. Su toque hizo que Jesús se detuviera y dijera: "Alguien me ha tocado, sé que ha salido poder de mí" (Lucas 8:46).

Cayendo a sus pies en completa rendición, se identificó. No se detuvo allí. Confesó su dolencia y describió su problema. ¡Qué gran fe! Sabía en su corazón que "si solo" pudiera tocarlo, estaría salvada. Su fe ya la había sanado. Su firme determinación de ser "apta" en la salud, y saber a dónde ir, proveyó el milagro que necesitaba. Esta mujer puso sus problemas a los pies de Jesús. Se liberó a sí misma.

Dios también quiere que dejemos de lado nuestros problemas. Dejarlos a sus pies; Él sabrá qué hacer con ellos. Él quiere nuestro dolor, hábitos, malos pensamientos, amargura, rencor, ira, vergüenza, culpa y cualquier otra dolencia enfermiza. No debemos permitir que nada obstaculice nuestro progreso. Dios quiere usarnos con poder y fuerza. Como Él estaba con José, Él quiere estar con nosotros para que prospere todo lo que nos propongamos en nuestras mentes y corazones.

Espero que le haya dado suficientes pruebas para aceptar la confrontación como algo bueno en lugar de algo de lo que desea escapar. No estoy sugiriendo que es fácil de enfrentar, pero es posible que a medida que la acepta, no sea tan difícil como usted pensaba que sería.

Permítame recordarle algo que usted necesita recordar: Usted no está solo. Dios le dará el valor, el poder y su Palabra. Cuando confronte y suelte, usted creará un vacío que Dios llenará con una nueva revelación para su vida. Hay cosas que Dios quiere que usted sepa y que está dispuesto a revelárselas.

Prepárese para el paso 3, mientras recibe la revelación.

Una publicación del grupo de Facebook "Aptos para su misión"

¡Qué día! Compartí hoy con alguien sobre lo buena que era para ignorar ciertas cosas…Pero desde que este desafío comenzó, razón por la que dejé de compartir por un tiempo, demasiadas cosas han surgido y he sido convencida y confrontada. Descubrí que la confrontación nos lleva a luchar, a ir contra la corriente. ¡Convicción y confrontación! Le he pedido a Dios, ¿por qué? Bueno, se me dijo que estoy en las manos del alfarero. Tal vez Dios tomó la jarra de arcilla (yo), la puso a la luz, y dijo: "Espera, hay una mancha. Volvamos a empezar". ¡Tan cierto! Adonde yo voy, adonde va mi familia, Dios no permitirá que se queden esas manchas. Hay cosas que me están estancando y no he sido llamada para eso. ¿Duele? Sí, pero estoy creciendo.

Reflexiones

Cuando nos enfrentamos cara a cara con nuestro dolor y nuestras luchas, Dios está allí con nosotros.

1. ¿Puede recordar un momento en que confrontó algo e inmediatamente después sintió la paz de Dios?

____

____

____

____

____

____

2. ¿Está dispuesto a escribir sobre algunos asuntos o heridas del pasado que sabe que Dios le está pidiendo que deje ir para que pueda sanarse?

Capítulo 9

PASO 3: REVELACIÓN

> Ya sea que te desvíes a la derecha o a la izquierda, tus oídos percibirán a tus espaldas una voz que te dirá: "Éste es el camino; síguelo".
>
> « ISAÍAS 30:21 »

> Revelación: "Acción de revelar a la vista o dar a conocer" o "manifestación divina".[1]

DURANTE UNA TEMPORADA de mi vida solía actuar según mis propios impulsos. A menudo estaba desalineada, ya fuera detrás o delante de Dios. Esto lo atribuyo a que estaba sobrecargada en el ministerio y emocionalmente exhausta. Sí, algo de eso lo atribuyo también a la terquedad. Estaba en modo de supervivencia. No era una buena forma para estar. Tuve algunos momentos difíciles. La verdad es que había días en que lo único que deseaba era que llegara la noche. Sabe a lo que me refiero, ¿no es así? ¿Esa clase de días en los que nuestro único pensamiento es "pronto se terminará"? Me volví muy buena para esconder mi dolor con el objetivo de sobrevivir mientras cumplía con la misión.

En una ocasión, me levanté con un dolor en el abdomen. Pensé que era algo que había comido y que se me quitaría. A medida que pasaban los días, el dolor empeoró. Luego de semanas de padecer un dolor terrible fui al médico, donde me hicieron una prueba de laboratorio y un ultrasonido. Ciertamente no estaba lista para lo que sucedió después.

Recibí una llamada en mi teléfono de un amigo que trabajaba en la consulta de mi médico. Supe que algo andaba mal cuando me preguntó: "¿Está Charles contigo?". Charles es mi esposo y no estaba conmigo en ese momento. ¿Qué razón podía haber para preguntarle a una mujer adulta si su esposo estaba con ella? Con mucha preocupación me dijo que el ultrasonido había revelado un páncreas agrandado y que necesitaba que me hospitalizaran de inmediato. Los médicos pensaban que era una situación que podía poner en riesgo mi vida.

Su voz resonaba en mi mente. Pensaba que lo más probable es que fuera un error. Decidí que iba a permanecer fuerte por amor a los que me rodeaban. No quería que mi esposo ni mi familia se preocuparan.

Aquella noche ingresé en la sala de oncología. Mi esposo no se apartaba de mi lado y mi papá se encerró en su habitación de oración. Esa noche en el hospital me agravé mucho. Estaba demasiado enferma como para darme plena cuenta de lo que estaba sucediendo. Todo estaba sucediendo muy rápido.

A la mañana siguiente cuando me desperté, comencé a quejarme por todo lo que me estaba sucediendo. ¿Por qué Dios estaba permitiendo que esto me sucediera? Había muchas cosas por hacer. ¿Qué había sucedido con todas las promesas? Todavía tenían que cumplirse. ¿Quién cuidaría de mi familia? Me preguntaba si había hecho todo lo que Dios quería que hiciera. ¿Había llegado mi hora? ¿Era demasiado tarde? Todavía no había terminado mi misión aquí en la Tierra. Todas estas preguntas y más inundaban mi mente.

Al día siguiente otra vez me desperté para darme cuenta de la horrible realidad de que no estaba soñando. Realmente estaba en un hospital. Lo que era aún más preocupante, estaba en la sala de oncología. Tenía el espíritu turbado. "No pertenezco aquí", me repetía una y otra vez. Algo no andaba bien.

¿Alguna vez se ha sentido paralizado por cosas que le han pasado en la vida? La enfermedad existe. El cáncer existe. La pérdida existe. No obstante, a menudo nos autoconvencemos de que estas cosas nunca nos sucederán a nosotros. Entonces, un día, allí estamos cara a cara con nuestra propia mortalidad.

El médico llegó hasta mi cama, se sentó cerca de mí y se dispuso a decirme lo que iba a suceder a continuación. Estaban haciéndome toda clase de exámenes. Habían mencionado la palabra *cáncer*. No podía creer lo que estaba escuchando. Me sentía como si un tornado me hubiera levantado y me hubiera tirado en un lugar de caos e incertidumbre total. "Oh, Señor, ¿por qué?", exclamé. "Mis hijas, mi familia; no es justo. ¡Soy pastora!". Aquello era como una pesadilla. Nada tenía sentido. Mi espíritu quería decirme algo.

Un día el médico había terminado de realizar sus exámenes y se disponía a marcharse cuando, de repente, se detuvo bruscamente. Se dio la vuelta y con una mirada penetrante, me preguntó: "¿Usted es pastora?".

Le dije que sí.

Hizo una pausa, me miró fijamente y dijo: "Bueno, entonces, ¿qué está esperando? Comience a orar".

Me quedé boquiabierta. Aquellas palabras calaron hasta lo más íntimo de mi ser. En el momento en que las escuché, supe que algo espiritual acababa de suceder. Mi espíritu saltó. La habitación, que se sentía fría, atemorizante y deprimente, se iluminó a medida que abría mi boca para declarar: "¡No tengo pancreatitis! ¡Voy a vivir! ¡Hoy voy a salir de este hospital! ¡Estoy sana!".

Tres horas después, luego de haber revisado todos los exámenes, el médico entró a la habitación confundido. Me dijo que no podía entender lo que había sucedido. Afirmaba que la paciente que había examinado la noche anterior no podía ser la misma que había examinado hoy. Los nuevos resultados eran normales. Además, el páncreas había regresado a su tamaño normal. Regresé a mi casa aquella noche. Dios había estado conmigo en cada paso del camino. Las promesas todavía eran mías y podía agarrarme de ellas. Mi misión no había terminado.

Acababa de tener una experiencia de la manifestación del poder de Dios. Me había enfermado. Había provocado mi enfermedad al tragarme todas mis preocupaciones. Además, había pasado un período de tiempo adormecida espiritualmente. Dios apareció en el momento justo. No solo se reveló a sí mismo ante mí demostrándome que su fidelidad es para siempre, sino que también reveló el poder y la autoridad que me había dado para enfrentar mi enfermedad y declarar sanidad sobre mi cuerpo.

Aprendí que:

- En la vida pasan cosas y tenemos que estar preparados para toda clase de circunstancias.

- Las circunstancias negativas y el dolor son oportunidades para que Dios demuestre su poder.
- Hemos recibido poder y autoridad.
- Dios nunca nos abandona ni nos olvida.
- La mayor revelación que tenemos de Dios a menudo se produce en medio del dolor. Es en el dolor que nos hacemos vulnerables. Es allí que reconocemos que no somos autosuficientes, sino que dependemos de nuestro Dios y Creador.

No estaba cuidando de mí misma como debía hacerlo. Mi cuerpo había colapsado. Mire, para Dios es importante que cuidemos de nosotros mismos. Si esto es importante para Dios, entonces debe ser importante también para nosotros. Emocionalmente era un desastre. Espiritualmente estaba débil. Y físicamente ciertamente iba por el mismo camino. ¿Me amaba lo suficiente como para ser una buena mayordoma de mí misma? Veamos. No estaba enfocada en mí misma. Estaba tan enfocada en todo lo demás que había descuidado áreas importantes de mi vida. Me di cuenta de que mi vida tenía que representar al Dios que servía.

Había asumido demasiadas responsabilidades. Quería manejarlo todo. Como consecuencia, tenía un alto nivel de estrés. El estrés, en mi mente, me daba permiso para comer cualquier cosa que quisiera, siempre que quisiera. Era como una terapia. Era delicioso, apetitoso y grato al paladar. Nada se sentía tan maravilloso como satisfacerme comiendo mi comida favorita.

Había escogido cuidar de mi salud a mi modo. ¿Por qué debía querer hablar con Dios acerca de lo que debía comer cada día? ¿Acaso no hay cosas más importantes por las que orar? Al menos eso era lo que yo pensaba. Me había convencido a mí misma de que Dios no tenía nada que ver con mis rituales alimentarios. Siempre que no comiera cosas fritas y permaneciera alejada de los dulces y me limitara de comer después de las seis, estaba siendo una buena administradora de mi cuerpo. Por favor, no me juzgue. Dios estaba tratando conmigo; simplemente que todavía no lo sabía.

No soy experta en nutrición, pero sé que tenía una

mentalidad deplorable con respecto a la comida. El enemigo quería que yo creyera que había áreas en mi vida en las que no quería que Dios se involucrara.

"Reina, continúa, cómete ese enorme plato de papas justo antes de predicar", solía decir. "No te preocupes. Quemarás esas calorías en un abrir y cerrar de ojos".

Recuerdo una ocasión en particular cuando comí terriblemente mal justo antes de una conferencia. Y cómo tuve que orar para poder predicar. Me sentía débil y sin fuerzas. Seamos honestos, ¿quién puede resistirse ante un delicioso plato de comida agradable al paladar cuando se siente hambriento? ¿Por qué no podía ser como Jesús, cuando respondió a Satanás: "No pongas a prueba al Señor tu Dios" (Lucas 4:12)? En vez de esto, sin vacilar, me sumía en un placer absoluto, mientras mi carne se regocijaba y mi espíritu gemía.

Sintiéndome bastante llena, débil y soñolienta, llegué a la plataforma y empecé a compartir el mensaje que había preparado. La convicción me atravesó el corazón como una flecha. En el momento en que introduje mi primer punto, el autocontrol, pude escuchar a Dios decir: "Reina, ¿vas a hablar sobre el autocontrol cuando tus hábitos alimenticios y tantas otras cosas están fuera de control?".

¡Ay! Haciendo un gran esfuerzo para continuar con el mensaje sin que la audiencia notara la convicción que había caído sobre mí, hice lo que haría cualquier persona con temor de Dios y con discernimiento. Dejé de hablar de ese punto y continué con el siguiente tema.

Me di cuenta de que estaba más ansiosa por satisfacer mi carne que por satisfacer mi espíritu. La verdad es que no tenía el hambre que debía tener por la presencia de Dios. Me había complacido en mis gustos y las necesidades de mi alma no habían sido satisfechas. Necesitaba tener hambre y sed de Dios.

Tener hambre de Dios es anhelar la justicia. Es un deseo profundo y desesperado de hacer lo que es correcto ante sus ojos. Es tener un corazón que le complazca a Él. Aquellos que tienen hambre y sed de Dios tienen un anhelo permanente de estar en su presencia. Permanecer en su presencia satisface nuestra alma. Tener hambre y sed de Dios es sentirse como lo describió el salmista: “Cual ciervo jadeante en busca del agua, así te busca, oh Dios, todo mi ser. Tengo sed de Dios, del Dios de la vida” (Salmo 42:1–2).

En su presencia entramos en la alineación correcta. Nos inunda el deseo de agradar a Dios; por tanto, en obediencia nos movemos en el plan que Él tiene para nuestras vidas. Hemos sido creados para tener hambre de Dios. Muchos han buscado en todas direcciones para satisfacer su hambre con comodidades terrenales; sin embargo, nunca se sienten satisfechos. Solo Dios puede satisfacer la necesidad más profunda del alma. (Ver Juan 6:27–35). La Biblia declara: “Yo soy el pan de vida,—declaró Jesús—. El que a mí viene nunca pasará hambre, y el que en mí cree nunca más volverá a tener sed” (v. 35).

Cada mañana cuando nos levantamos, debemos decirle a Dios: “Danos hoy nuestro pan cotidiano” (Mateo 6:11). Al pedirle esto, estamos declarando que no somos autosuficientes; dependemos de Él para nuestra propia sobrevivencia. Al pedirle a Dios que nos dé nuestro pan cotidiano, declaramos que solo Él puede sostenernos. ¿Puede imaginar lo que sucedería si cada mañana oráramos esa oración, sabiendo que su Palabra alimenta nuestra mente, nuestra voluntad y nuestras emociones? Tenemos que reconocer que lo necesitamos cada día, porque “nunca decayeron sus misericordias; nuevas son cada mañana” (Lamentaciones 3:22–23, RVR 1960).

Mientras predicaba aquel sermón después de mostrar que no tenía el menor autocontrol con respecto a lo que comía y luego que la convicción vino sobre mi espíritu con un gran peso, no era el deseo de Dios derribarme y hacerme sentir que no valía la pena. Todo lo contrario; quería despertar en mí el deseo de cuidar de mí misma para que pudiera experimentar otras cosas. Tuve que hacer cambios. Tuve que deshacerme de los viejos hábitos y asumir los nuevos. Necesitaba dirección, fortaleza y responsabilidad. ¡Comencé a buscar su presencia sin cesar! Estaba decidida a no volver atrás. Estaba tan emocionada que empecé a compartir con otros lo que Dios estaba haciendo conmigo.

La revelación de "Aptos para su misión"

Un día estaba sentada en mi oficina lista para encender mi computadora cuando claramente escuché: "Aptos para su misión". Me di cuenta de que aquellas cuatro palabras estaban saturadas con la presencia de Dios y pregunté: "¿Qué, Señor?".

Me respondió: "Ese es el nombre que quiero que le pongas al grupo en Facebook: 'Aptos para su misión'".

Obedecí su voz y sin vacilar abrí una página privada en Facebook. Sería un lugar donde podría rendir cuentas. Después de unos minutos de haber escuchado su voz, mi espíritu se conmovió cuando recibí con tanta claridad, por primera vez, una revelación con respecto a la siguiente fase de mi ministerio. Mi vida estaba a punto de tomar otro rumbo para mejorar.

¿Sigue viendo el patrón? Donde no ha habido convicción, la confrontación no está presente y rara vez hay una revelación fresca sin confrontación. Como dice el viejo adagio: "No se puede poner la carreta delante de los bueyes". Dios es un Dios de orden. Y para ayudarnos a evitar las heridas, nos conduce a través de los procesos adecuados de modo que cuando estemos cosechando los frutos de nuestra labor, no seamos interrumpidos porque nos hemos saltado un paso.

Anhelaba fervientemente una revelación. En muchas ocasiones le rogué a Dios que me mostrara un destello de lo que el futuro me deparaba. Durante años guardó silencio. Me había rendido al hecho de que tal vez lo mejor ya había sucedido. Pero, ¿por qué anhelaba más? ¿Sería porque me daba cuenta de que era una portadora de su gloria?

A pesar de mis defectos, podía sentir el peso de su misión. Hubo tantos momentos de caos mental en los que no sabía lo que Dios quería para mí. No obstante, a pesar de todo, Dios permaneció fiel. Durante una temporada guardó silencio, pero siempre permaneció fiel.

Allí sentada en mi oficina, Dios comenzó a hablar a mi espíritu. Me había convencido y confrontado y ahora me estaba hablando: "Has llegado. Estás donde quiero que estés".

Sabía lo que quería decir con eso. No había necesidad de que me lo explicara. No estaba en el tope de la pirámide o en la cima de mi ministerio. No; estaba en el lugar adecuado en mi andar con Dios. Sabía lo que quería decir y eso refrescó mi alma. Junto con la palabra vino la revelación. Había sido obediente. La obediencia preparó el camino para mi promoción. Había alineado algunas áreas en mi vida y, como resultado, comprendí lo que Dios había estado tratando de enseñarme todo el tiempo. Quería que lo deseara más que a cualquier otra cosa. Quería que dependiera totalmente de Él. Quería ayudarme a cambiar áreas en mi vida que se estaban desmoronando. Cuando decidí que, por encima de cualquier otra cosa, me iba a hacer apta espiritualmente, Dios rompió el silencio.

El valor del silencio de Dios

El silencio de Dios no significa que lo haya abandonado. Permítame hacerle una pregunta: ¿Ha guardado silencio Dios con respecto a ciertas situaciones en su vida, llevándolo a preguntarse si realmente estaría allí? Esta ciertamente es una forma de dudar de Dios, o lo que es peor, dudar de su existencia. Su mente saca sus propias conclusiones: "No hay Dios. Si hubiera, esto le importaría". "No le importa". "Si hay un Dios, entonces no soy lo suficientemente bueno o buena para Él". No acepte las mentiras del enemigo. Todos atravesamos esas batallas mentales pero, en medio de ellas, agárrese de Dios. Él le hablará.

Hubo una época de mi vida en la que realmente quería que Dios me hablara. Quería que peleara mis batallas. Las personas que amaba y que consideraba mis amigos me habían herido. Tenía el corazón destrozado. Me había quedado sin palabras. Pasé muchos días en silencio con el corazón quebrantado. Recuerdo que me enojé mucho. Cuando por fin rompí mi silencio, dije: "Muy bien, Dios, supongo que me lo merecía. No creo que me ayudarás". Lo confieso; fue un mal intento de hacer que Dios rompiera *su* silencio. No funcionó. Me sostuvo a lo largo de todo el proceso. Dios está siempre cerca de los quebrantados.

La culpa y la vergüenza a menudo nos mantienen alejados de Dios; no obstante, no existe nada que pueda mantener a Dios alejado de nosotros. Solo quiere que corramos a Él en esos momentos cuando nos sentimos indignos. Las Escrituras afirman: "Entonces sabrán que yo estoy en medio de

Israel, que yo soy el Señor su Dios, y no hay otro fuera de mí. ¡Nunca más será avergonzado mi pueblo!" (Joel 2:27).

Todo lo que Dios hace está planificado, incluso su silencio durante algunas de nuestras temporadas más oscuras. En Juan 11:1–37 encontramos a dos hermanas que lloran por la muerte de su hermano, Lázaro. Es importante comprender que antes de su muerte, las hermanas le mandaron a decir a Jesús que su hermano Lázaro, a quien Él amaba, estaba enfermo (v. 3). Cuando Jesús escuchó eso, respondió: "Esta enfermedad no terminará en muerte, sino que es para la gloria de Dios, para que por ella el Hijo de Dios sea glorificado" (v. 4). Entonces Jesús esperó dos días más antes de ir a visitar a las hermanas. Las hermanas tenían que estar devastadas ante el silencio de Jesús. Pero cuando Jesús llegó, dijo la palabra y Lázaro resucitó.

Sí, el silencio a menudo significa que Dios está trabajando detrás del escenario en su favor. Él se glorificará. Su estado miserable se convertirá en un mensaje; su prueba se convertirá en su testimonio.

Puede estar seguro de que el silencio de Dios tiene un propósito. No solo se está alistando para glorificarse en su vida, sino que lo está invitando a que confíe en Él. Sí, confíe en Él incluso cuando no lo pueda escuchar o sentir. Es durante esas épocas que debe estar quieto y reconocer que Él es Dios (Salmo 46:10). Permítame animarlo: Dios siempre llega a tiempo. Llega en el momento exacto y su silencio está a punto de revelar su gloria aún en las circunstancias más oscuras.

Usted es la posesión más valiosa de Dios. No permita que el enemigo lo convenza de que no es lo suficientemente bueno. Es más que bueno; es asombroso. Es tan asombroso que Dios está siempre pensando en usted. La Palabra afirma que cada día de su vida está escrita en el libro de Dios (Salmo 139:16).

La razón por la que trata con su corazón es porque quiere que descubra los tesoros que con mucho cuidado ha colocado dentro de usted. No quiere que viva en el pasado. Quiere que mire hacia delante. ¿Puede escucharlo cuando dice: "Olviden las cosas de antaño; ya no vivan en el pasado. ¡Voy a hacer algo nuevo! Ya está sucediendo, ¿no se dan cuenta?" (Isaías 43:18–19). A diferencia de las cosas, las personas y los lugares,

Dios nunca deja un vacío en su corazón. Él remplaza lo viejo con lo nuevo. Así es como obra Dios.

No más vacíos

Cuando pienso en la palabra *vacío*, me imagino un espacio desolado donde lo único que existe es el vacío mismo. En el corazón y el alma de la humanidad hay un vacío, aunque nuestros corazones y nuestras almas anhelan estar llenos. Es aquí donde comienzan nuestras luchas. Nuestros corazones y nuestras almas tienen un anhelo de significado, de relaciones y de valor. He visto a demasiadas personas intentar llenar el vacío con placeres absurdos y posesiones temporales.

La única forma de satisfacer cualquier anhelo y cualquier hambre es poseer una comprensión de aquello que anhelamos y de lo que tenemos hambre. De modo que, permítame preguntarle: ¿De qué tiene hambre verdaderamente? ¿Hay algún anhelo en su alma que todavía no ha sido satisfecho? ¿Un vacío que no ha sido llenado? ¿Un deseo profundo más allá del rango de comprensión humana? ¿Y si le dijera que Dios ha colocado dentro de nosotros un vacío que solo Él puede llenar? Es un lugar creado para que habite su presencia y así satisfacer el hambre que usted siente.

El Señor no llegará y nos llenará así no más. Según Apocalipsis 3:20, tenemos que invitarlo:

> Mira que estoy a la puerta y llamo. Si alguno oye mi voz y abre la puerta, entraré, y cenaré con él, y él conmigo.

Llenar el vacío de nuestros corazones es nuestra elección y su deseo. Dios anhela tener una relación con nosotros, pero tenemos que estar conscientes de la verdad de que solo el Señor puede traer sentido a una vida sin sentido y satisfacer el hambre más profunda.

Nunca olvidaré la primera vez que me llevó a su lugar de reclusión. Nunca había invitado a nadie allí, ni siquiera a aquellos más cercanos a ella. Cómo llegamos allí no lo recuerdo muy bien, pero recuerdo claramente el ambiente cálido y acogedor de la habitación. Recuerdo el olor a café recién colado y la sonrisa en su rostro a medida que compartíamos historias de nuestras vidas. Al principio estábamos sentadas en la sala, donde los colores vibrantes en combinación con su personalidad pintaban un retrato de una mujer que reflejaba exuberancia y pasión; luego trascendimos a un espacio vacío, oscuro y frío de su vida.

Había sido víctima de abuso emocional la mayor parte de su vida, abuso que había comenzado con sus padres. Cuando dejó el hogar para vivir con el hombre que creyó era el amor de su vida, soportó aún más abuso emocional y, en ocasiones, físico. Durante sus primeros años de adolescencia, se convirtió en alcohólica. Se encerraba en su habitación y bebía para calmar su dolor. Me dijo que se había sentido vacía durante la mayor parte de su vida. Se había resignado y creía que esa era su vida y que simplemente tenía que aceptarla. Había caído en el error de creer que tenía que aceptar todo lo que la vida le pusiera en su camino. La religión le había enseñado que ese era su castigo por haber pecado y haber quedado embarazada demasiado joven. ¿Quién era ella para pedirle a Dios que cambiara sus circunstancias? El corazón se le había enfriado.

Tenía un vacío en su corazón, un vacío que la había mantenido atada con grilletes de depresión. Nunca se había sentido amada. Pasó la mayor parte de sus años de infancia y adolescencia en busca de la aceptación de sus padres. Cuando finalmente desistió y a la tierna edad de catorce años abandonó el hogar para vivir con un joven que ella pensó que le daría todo el amor que necesitaba. Estaba segura de que aquel joven le daría sentido a su vida. Estaba equivocada; su relación la llevó a un dolor aún más profundo y la sumió en un abismo de depresión. Buscando silenciar su dolor se volvió al alcohol, a los romances y a la comida.

Cierto día alguien tocó a la puerta. Una amiga de la infancia a quien no había visto durante años había ido a su casa para invitarla a la iglesia. Aceptó la invitación sin ninguna expectativa.

Se comportó de una manera cordial mientras estaba en la iglesia. Hacía mucho tiempo que no había asistido a un servicio religioso. Se sentó en la parte de atrás de la iglesia.

Disfrutó la adoración y la amabilidad de las personas. Cuando el orador empezó a hablar, la atmósfera cambió. Se tornó muy personal. No podía creer lo que estaba escuchando. Se preguntaba cómo era posible que el orador conociera su vida; no se la había contado a nadie. Sintió que alguien tocaba a la puerta de su corazón. Había pasado mucho tiempo desde la última vez que había sentido que le importaba a alguien. Dios estaba tocando con gentileza pero también con persistencia. Tenía una elección que hacer: ¿Le permitiría entrar? ¿Qué significaría eso? Era probable que Dios no la amara después de todo el daño que se había hecho a sí misma, pensó. No obstante, caminó hasta el altar y dijo: "Sí, Señor, entra a mi corazón".

Permítame contarle lo que sucedió como resultado de su decisión de aceptar la invitación del Señor y dejarlo entrar a su corazón vacío. Aunque sus circunstancias externas permanecieron igual durante un tiempo, su vida interior cambió y, como consecuencia, ahora estaba apta para caminar en la vida que Dios le había asignado. En lugar del caos reinó la paz, la alegría en lugar de la tristeza, el amor en lugar del enojo y el autocontrol en lugar del descontrol. Actualmente está libre del abuso y cumpliendo su misión. Dirige un ministerio y tienen una pasión por Dios que hace que inspire a otros a seguirlo también.

Dios nunca entrará en nuestro corazón para dejarlo vacío. Para cada área que vacíe, tiene un remplazo. Si Dios quita el dolor, lo remplaza con paz. Si quita la amargura, la remplaza con alegría. Si quita los hábitos dañinos, los remplaza con nuevos hábitos. Sé que usted entiende lo que digo.

¡Dios nunca dejará un vacío! Una de las mayores revelaciones de Dios para nuestras vidas es que Él restablece nuestros vacíos de modo que cada día podamos tener una relación plena con Él. Nos restaura para que tengamos un deseo diario de encontrarlo, buscarlo y quererlo apasionada e incansablemente.

A medida que comenzamos a buscar las cosas eternas, nos damos cuenta de que buscar las cosas de este mundo solo puede satisfacernos temporalmente, pero una búsqueda de lo eterno mantiene nuestra alma satisfecha. C. S. Lewis escribió: "Estamos llenos de anhelos, a veces tímidos y a veces apasionados, que nos llevan más allá de las cosas de la tierra a la realidad suprema de Dios".[2]

Después de comprender que Dios es nuestra fuente de sentido y propósito, empezamos a caminar en una autoridad absoluta que proviene de la Palabra de Dios. Cada día tenemos la inspiración para buscar una revelación más profunda del propósito de Dios para nosotros. Además, caminamos en nuestra misión con mucha confianza. Reconocemos que no vencemos por nuestra propia habilidad, sino por el poder de Dios que está en nosotros.

El paso más emocionante está solo a un par de páginas. Una vez que nuestros ojos se abren a la revelación de quién es Dios y quiénes somos nosotros en Él, somos transformados en todas las áreas de nuestras vidas. ¿Está listo para una metamorfosis? Avancemos juntos.

Una publicación del grupo de Facebook "Aptos para su misión"

Hay momentos en los que tenemos que mirar al enemigo directamente a los ojos y decirle: "¡No tienes poder sobre mí!" Y luego demostrárselo.

Reflexiones

El silencio de Dios no significa que lo haya abandonado.

1. ¿Qué significa para usted tener hambre y sed de la presencia de Dios?

____

____

____

____

2. ¿Cuáles son algunas de las cosas que Dios le ha revelado en este capítulo?

Capítulo 10

PASO 4: TRANSFORMACIÓN

> Crea en mí, oh Dios, un corazón limpio. Y renueva un espíritu recto dentro de mí. No me eches de delante de ti, y no quites de mí tu santo Espíritu. Vuélveme el gozo de tu salvación, y espíritu noble me sustente.
>
> « SALMO 51:10–12, RVR 1960 »

> Transformación: "Cambio de forma, apariencia, naturaleza, o carácter".[1]

"PASTORA REINA, HAY algo diferente en usted". Escuché esas palabras y supe que algo había cambiado. Aquella mujer que me saludó después del servicio en la iglesia puede que no supiera qué era lo que había cambiado en mí, pero yo sí lo sabía. Había atravesado una metamorfosis espiritual. Había recibido una convicción, había sido confrontada, había recibido una revelación y ahora la transformación era inevitable. Tenía una nueva pasión por Dios, por el ministerio y por la vida. El Dios al que había servido durante tantos años tenía ahora un dominio completo en mi vida. Me había rendido de todo corazón al propósito de Dios de tener el control total de mi corazón.

Todo lo que necesitaba lo encontré en su presencia cuando me encontré cara a cara con la propia esencia de quién era Dios en mi vida.

Dios había creado en mí un corazón limpio y había renovado un espíritu recto dentro de mí, lo que me lanzó a mi misión con una actitud nueva y mejorada. No obstante, no se engañe; mi transformación no sucedió de la noche a la mañana. Tuve que ser honesta conmigo misma y con Dios. Incluso tuve que hacer algunas confesiones a lo largo del camino.

Es difícil vivir la vida pretendiendo tener éxito, tan solo para llegar a casa y tener que lidiar con nuestro verdadero yo.

A menudo me decía a mí misma: "Reina, ¿cuánto tiempo más crees que puedes mantener esto?". Me refería a llevar a cabo mi misión a pesar de estar exhausta y estancada en tantas áreas.

A menudo no nos damos cuenta de que podemos estar enrolados en el ministerio o en la obra y, pesar de ello, no estar satisfechos. Si no estamos alimentando nuestra alma con la Palabra de Dios y con un tiempo de conversación con Él que va más allá de la oración de "dame", podemos cansarnos. Si no estamos haciendo una pausa en el ministerio lo suficientemente larga como para permitir que el Espíritu Santo refresque y llene nuestras almas, nos cansaremos y nos debilitaremos espiritualmente.

El ministerio se había convertido en una carga demasiado pesada como para poder soportarla, de modo que hice lo que hacen las personas que no están aptas: justifiqué mi incapacidad para dedicar tiempo a fortalecer mi vigor espiritual. Era algo parecido a lo que me había sucedido con el ejercicio físico. La idea de ejercitarme era agotadora y, la mayoría de las veces, justificaba mi falta de ejercicio con la excusa de que estaba demasiado ocupada.

No podía entender el entusiasmo de mi esposo cuando recibió por primera vez sus videos de ejercicios INSANITY (Locura). Bueno, su entusiasmo fue tan contagioso que decidí que iba a probarlos por mí misma. ¿Por qué no? ¿Cuán difícil podrá ser? Pensé. Además, pensé que dedicar tiempo a ejercitarme con mi esposo sería un beneficio añadido a nuestro ya maravilloso matrimonio. Usted pensará que el título "INSANITY" me habría impedido adentrarme en ese territorio. ¡Pero no!

Bueno, solo digamos que cuando terminé el día uno de este video, confirmé mi relación con el ejercicio...¡nunca tuve ninguna! Físicamente, todo el cuerpo me dolía. Cada parte de mi cuerpo gritaba: "¡Ayuda!". Me había convencido a mí misma de que podía hacer esto sin preparar mi cuerpo. La diferencia entre mi esposo y yo era que él a menudo se ejercitaba y yo no. Su cuerpo estaba preparado para los saltos y los giros de este video. A menudo estiraba los músculos para evitar contusiones, ya que estaba acostumbrado a jugar raquetbol y a hacer ejercicios.

Después de aquello, me di cuenta de por qué mi esposo a menudo creía necesario decirme: "Reina, tienes que estirarte antes de empezar a hacer ejercicios. Necesitas preparar tu cuerpo y aflojar los músculos".

A menudo respondía: "Me estiraré *mientras* hago ejercicios".

¡Sí, a veces mi esposo tiene la razón! Solía decirme que estirarme y calentar me llevaría a un rendimiento óptimo y a no sufrir contusiones. ¿Pero acaso yo le escuchaba? Por supuesto que no.

Esta es la correlación: Dios quiere que estemos en una forma espiritual óptima para que hagamos y seamos lo mejor. Tengo que confesar que en mi pasado hubo algunas tareas que debí haber hecho mejor. Dios había provisto todo lo que necesitaba; sin embargo, yo había escogido lanzarme agitadamente. Solo quería hacerlas y avanzar. El hacer esto me impedía tener la visión de Dios. Hubo muchas ocasiones en las que recibí heridas mientras estaba cumpliendo mi misión. Ahora me doy cuenta de que muchas de esas heridas podría haberlas prevenido si me hubiera tomado el tiempo para prepararme adecuadamente.

Mi fiasco al tratar de hacer ejercicios con el video de INSANITY era muy similar a mi ejercitación espiritual. No puedo creer que haya sobrevivido a algunas de mis tareas sin preparación. Puede que haya sobrevivido, pero hablando honestamente, sentí las consecuencias de hacer las cosas sin preparación. Pero la gracia de Dios es eterna. Esperaba pacientemente y luego decía: "¿Todavía no has terminado? Porque estoy ansioso por comenzar". Me había convencido a mí misma de que estaba lista para cualquier cosa que la vida me deparara. Muy pronto me di cuenta de que estaba muy lejos de la verdad.

Dios quiere que nos preparemos y nos entrenemos para la misión que tenemos delante. También quiere que calentemos nuestros músculos espirituales con el objetivo de prepararnos para la tarea que nos espera. Es por eso que Dios quiere que tengamos una relación con Él. Quiere hablar con nosotros, prepararnos, estirarnos y alinearnos para la tarea. A través de la oración, los tiempos de meditación y la lectura de la Palabra, nos hacemos más resistentes y nuestros músculos se hacen más fuertes. Pensé que podía continuar con mi falta de preparación y llevar a cabo con éxito las tareas. Me esperaban heridas en el camino.

No somos llamados simplemente a *pasar* por la vida. Tenemos que *prepararnos* para la vida, si queremos vivirla a plenitud. Esto puede ser contrario a lo que a algunos de nosotros se nos ha enseñado. A menudo se dice que hay cosas para las que no es posible prepararnos.

Si bien hay cosas que nos tocará enfrentar para las que no estaremos listos, tales como la pérdida de un ser querido o de un empleo, o la terminación de una relación, Dios sí nos dice que hay un tiempo para todo debajo del cielo (ver Eclesiastés 3). Puede que no sepamos cómo vamos a reaccionar en ciertas temporadas de nuestra vida. No obstante, sabemos que esas temporadas son inevitables.

Cómo resistimos y cómo saldremos de esas etapas, desde el punto de vista emocional, espiritual y físico, depende de cuán aptos estamos en esas áreas cuando las circunstancias difíciles se presentan. Es por eso que Dios nos transforma. Dios cambia nuestros pensamientos, nuestras prioridades y nuestras actitudes autosuficientes alineando nuestros corazones y conectando nuestros vasos terrenales (nuestro yo) con su soberanía divina.

Correr en el vacío

Una de las cosas más difíciles que tuve que hacer como pastora fue decirle a tres niños pequeños que su mamá había fallecido. Se fueron a la cama una noche y se despertaron delante de una mujer a la que casi no conocían (yo) que estaba sentada delante de ellos, para decirles que mientras estaban durmiendo, su mamita había fallecido.

Yo conocía a esa mujer que había muerto en un trágico accidente automovilístico. Habíamos crecido juntas. Su hermana era miembro de nuestra iglesia. Fui testigo de cómo aquella familia lloraba sin consuelo ante una pérdida para la que no estaban preparados.

Esto sucedió en los primeros años de mi ministerio. Tuve que depender de Dios para que me diera fortaleza y palabras de sabiduría. ¿Me sentía lista para manejar aquella situación? No fue hasta que estuve en el pozo del dolor que me di cuenta de que Dios me había estado preparando para llevar a cabo esta misión en particular. Mi espíritu estaba alineado. Había estado orando, orando a Dios en busca de dirección en todas las áreas de mi vida. Dependía mucho de Él porque era nueva en el ministerio.

Caminé con esta familia durante semanas a medida que pasaban a su nueva "normalidad". A menudo estaba hasta tarde en la noche escuchando el llanto de los niños y de las hermanas mientras se dolían por la pérdida de su amada. Mi fe permaneció firme. Pude servir a esta familia en una época de gran necesidad sin sentirme vacía. Esto fue posible solo porque Dios estaba sentado en el trono de mi corazón. Él me guió durante todo el camino.

Me voy a adelantar muchos años después de aquello. Otra hermosa joven de nuestra congregación partió para estar con el Señor y yo me encontraba vacía, cansada y cuestionando a Dios. ¿Cómo pudo suceder esto? Esa joven amaba a Dios. Amaba la vida. Observé a esta familia que la amaba llorar desesperada a medida que ellos también cuestionaban a Dios. El llanto de una niña inconsolable que gritaba: "¡Quiero a mi mamita!", se escuchó como un eco en las paredes de mi casa durante semanas. Eran lamentos de una niña de siete años que nunca más sentiría el abrazo de aquella mujer a la que llamaba mamá. No parecía justo.

Mi esposo y yo acompañamos a aquella familia. Como iglesia también los acompañamos. Oramos con ellos, lloramos con ellos y lamentamos su pérdida. Su dolor iba más allá de nuestro entendimiento. Nosotros habíamos perdido a una miembro amada de nuestra congregación, pero ellos habían perdido a su mamá, a su esposa, a una amiga y a una hija.

Emocionalmente estaba vacía. Tenía preguntas y mi espíritu estaba débil. Sí, así me sentía. Después de haber dado todo de mí, me quedé vacía y no pensé en volver a llenar mi alma. Tenía que continuar; había cosas que hacer.

Luché con Dios, preguntándole por qué no me había preparado para esa pérdida. ¿Por qué no me había alertado con respecto a que estaba a punto de suceder una tragedia? La muerte fue repentina. Parecía tan injusto. ¿Prepararme? ¿Alertarme? ¿Cómo podía hacerlo? El ministerio estaba floreciendo y yo estaba tan ocupada trabajando en una iglesia creciente que me había olvidado de pasar quieta el tiempo suficiente como para escuchar la voz de Dios. De hecho, mis oraciones se convirtieron en monólogos mientras rutinariamente solo le rogaba a Dios que me diera, que me diera y que me diera un poco más. Ahí estaba, sin darme cuenta de que Dios quería dialogar conmigo.

La diferencia entre la primera pérdida y esta no fue la manera en que cuidé y ministré a ambas familias; fue la manera en que ministré y cuidé de mí misma. Entre ambos sucesos había una brecha de varios años. Me había vertido a lo largo de los años y estaba vacía. No había pasado tiempo en la presencia de Dios en la manera en que debía haberlo hecho. Me había ocupado tanto llevando a cabo el ministerio que pensaba que "trabajar" para Dios era suficiente.

Necesitaba una transformación. Necesitaba que Dios me restaurara el gozo. Dios estaba tratando de que me mirara a mí misma. Quería transformar mi pensamiento, liberarme de mi arrogancia y egocentrismo y traerme de vuelta a su deseo y propósito. Simplemente me quería saludable.

¿Alguna vez se ha sorprendido a sí mismo haciéndole toda clase de peticiones a Dios pero sin sentarse lo suficientemente quieto como para escuchar su respuesta? Se pierde lo que quiere revelarle. No le estoy haciendo esa pregunta para dejarlo sintiéndose culpable; le estoy preguntando eso porque yo también fui culpable de no sentarme lo suficientemente quieta como para escuchar las respuestas de Dios a mis peticiones, sin darme cuenta verdaderamente de lo que estaba haciendo. Lo que es aún más importante, quiero enfatizar que si no tenemos sed de Dios o no sentimos la necesidad de escucharlo, hay algo en nuestro interior que anda mal.

El salmista clamó: "Tengo sed de Dios, del Dios de la vida. ¿Cuándo podré presentarme ante Dios?" (Salmo 42:2). ¿Puede escuchar el anhelo desesperado del alma, de un alma que ansía que la asombrosa presencia de Dios la refresque? Era una sed tan intensa que el salmista no podía esperar para presentarse ante Dios. El salmista estaba tan seco y tenía un anhelo tan profundo que su alma estaba suplicando con desesperación. Los huesos secos, la mente cansada, el corazón apesadumbrado y el cuerpo débil deseaban sumergirse en la misma presencia del amor infalible de Dios.

Hemos sido creados para tener un anhelo que solo Dios puede satisfacer. Es cuando somos uno con Dios y con sus planes y propósitos y cuando comprendemos su soberanía que nuestras almas se satisfacen.

Una vida seca deja de soñar con las cosas espirituales. No hay ningún mover ni ninguna emoción espiritual. Las personas a menudo se me acercan y me dicen que han perdido su vigor espiritual. La vida no es tan emocionante como debía ser. Es ahí cuando el enemigo aparece. De repente aparecen delante de usted todos los deseos y placeres terrenales, lo suficientemente atractivos como para hacer que usted quiera abandonar su postura espiritual, aunque sea tan solo un momento. El problema es que la curiosidad ha provocado que algunas personas nunca regresen a su posición inicial porque perdieron totalmente la perspectiva de su misión.

Detengámonos aquí un instante. Dedique unos segundos a chequear su vitalidad espiritual.

Ponga su nombre delante de las siguientes interrogaciones y pregúntese:

- ¿Tiene hambre y sed de la presencia de Dios?
- ¿Está soñando con cosas mayores?
- ¿Tiene una visión?
- ¿Se levanta expectante cada mañana?
- ¿Puede sentir a Dios moviéndose en todas las áreas de su vida?
- ¿Tiene la energía para avanzar la milla extra si tuviera que hacerlo?
- ¿Tiene resistencia para correr la carrera?

- ¿Tiene suficiente combustible espiritual para continuar con su misión?
- ¿Está preparado para las temporadas inesperadas en su vida?

Si respondió no a al menos una de esas preguntas y reconoce que el Espíritu Santo lo está guiando, entonces deténgase y haga esta oración:

> *Amado Señor:*
>
> *Te necesito ahora. Perdona mi constante ajetreo. Restablece mi alegría y devuélveme el deseo y la pasión por ti. Quiero tener hambre y sed de tu presencia. Anhelo tu toque y tu abrazo. Encuéntrate conmigo aquí, Señor, y házme apto para avanzar en todo aquello que tienes para mí. Gracias, Señor. En el nombre de Jesús, amén.*

Según yo lo veo, ¡hay cosas que no pueden esperar! Ahora puede continuar leyendo con la seguridad de que está experimentando su propia transformación a medida que lee. ¿No se da cuenta de que Dios es bueno? ¡Él nunca llega tarde!

Me rindo a Él

Creo que algunas de nuestras más grandes transformaciones son el resultado de nuestras pruebas más grandes. El proceso y el viaje que hace nuestro espíritu afirman y fortalecen nuestros débiles huesos. A menudo es durante nuestras luchas que nuestras mayores fortalezas se descubren. ¿Por qué? Porque es en los valles de la vida que casi nunca tenemos otra alternativa que no sea depender de Dios y confiar en que nos ayudará a atravesar cualquiera que sea la circunstancia difícil que estemos atravesando. Depender de Dios casi siempre significa rendirse y ser obediente a pesar de la voz interior que quiere gritar impulsivamente en temporadas de caos emocional.

Tuve que rendir mis pensamientos, ideas y opiniones y confiar en que Dios quería lo mejor para mí. ¿Y por qué habría de ser de otra manera? ¿Acaso no es el mi Señor, mi Creador? Sí, pero hubo momentos en los que olvidé que lo necesitaba.

Todos sabemos de lo que estoy hablando. A veces pensamos que solo porque tenemos un par de victorias en nuestro bolsillo, ahora podemos considerarnos autosuficientes.

De una cosa estoy segura: soy todo lo que soy porque mi identidad está en Dios. Cualquier cosa que haya hecho hasta ahora, todas las bendiciones, provisiones, puertas abiertas y favor son simplemente un reflejo del Dios al que sirvo.

¿Cómo llegué hasta aquí después de este largo viaje? Por la obediencia.

Si queremos ser bendecidos en nuestra misión y ver el fruto de nuestro trabajo, tenemos que obedecer. La obediencia es ser capaz de decir sí al plan de Dios y luego someterse a sus reglas en vez de a las nuestras.

El Señor declara:

> Si realmente escuchas al Señor tu Dios, y cumples fielmente todos estos mandamientos que hoy te ordeno, el Señor tu Dios te pondrá por encima de todas las naciones de la tierra. Si obedeces al Señor tu Dios, todas estas bendiciones vendrán sobre ti y te acompañarán siempre:
>
> Bendito serás en la ciudad, y bendito en el campo. Benditos serán el fruto de tu vientre, tus cosechas, las crías de tu ganado, los terneritos de tus manadas y los corderitos de tus rebaños. Benditas serán tu canasta y tu mesa de amasar. Bendito serás en el hogar, y bendito en el camino.
>
> —Deuteronomio 28:1–6

De modo que esto es lo que Dios está diciendo: está declarando que si usted camina en obediencia, no solo será bendito, sino que sus hijos también serán benditos. A todos los lugares que vaya, la bendición estará con usted. ¿Hay algo malo con las bendiciones? Absolutamente nada; por tanto, no permita que nadie lo convenza de otra cosa. A Dios le encanta bendecir a sus hijos. Él es nuestro Padre celestial y el querer bendecirnos forma parte de su propia naturaleza.

Cuando estamos aptos para nuestra misión, enfocados y dependiendo de Dios, no hay otra cosa que Él desee más que derramar sus bendiciones sobre nosotros. Cuando caminamos en obediencia y nos rendimos a Dios, estamos diciendo: "Aquí estoy, Señor. Confío en ti y me someto a tu plan para mi vida". Entonces Dios puede obrar en nuestro interior. Nuestros corazones están abiertos para una transformación completa.

Le hago otra confesión: durante años le había estado pidiendo a Dios cosas muy específicas. Sabía que Dios había depositado algo en mi corazón. A menudo me acercaba a Dios para pedirle que me proveyera las puertas abiertas de favor en lugares donde Él pudiera usarme. Quería que ensanchara mi territorio.

Pero cuando la convicción me inundó y confronté mi realidad, mi petición cambió. Clamé al Señor, diciendo: "Dios, me arrepiento. ¡Me humillo delante de ti y no te pido nada más que una relación íntima contigo!". En un instante mis intenciones se volvieron puras porque giraban alrededor de Él. Me presenté delante de Dios con un corazón contrito, con la comprensión de que ciertamente había descuidado nuestra relación. No quería otra cosa que no fuera que Dios restaurara lo que yo había roto.

Actualmente anhelo cada día permanecer fiel en mi relación con Dios. Además, deseo vivir dependiendo de Él todos los días para todas las elecciones que haga. Mi mano permanece firme con el pulso de Dios a medida que busco cada día que Dios me recuerde, con el solo latir de su corazón, la profundidad de su amor por mí. Ahora Dios está abriendo puertas que tan solo había visto en mis sueños.

Usted también puede experimentar esta transformación. En el momento en que sea transformado caminará con una nueva visión, una nueva forma de pensar, una nueva perspectiva y un hambre que lo catapultará hacia una vida de victoria total. ¿Estoy diciendo que no tendrá pruebas? En lo absoluto. Sin embargo, la manera en que las enfrenta cambiará. Su rendición, confianza y dependencia de Dios le permitirán al Espíritu Santo penetrar en las grietas de su ser interior, profundizando su relación con Dios y dándole un mayor entendimiento de su misión.

Cúbreme, Señor. Voy a entrar.

¿Se puede visualizar a sí mismo queriendo más de Dios? ¿Se puede visualizar dependiendo diariamente de Él, reconociendo que no es autosuficiente? Si este es su deseo, entonces está listo para tomar posesión de todo lo que Dios está listo para impartirle. Así de mucho ha avanzado. A través de las pruebas y los errores, de los valles y las montañas y de toda clase de temporadas, ¡está aquí y ha sobrevivido para llegar a un tiempo como este!

Independientemente de dónde se encuentre en la actualidad y de cuál sea su misión, no desista. Tal vez está diciendo: "Reina, esto funcionó para ti, pero mis problemas son más profundos y más grandes". Si está leyendo este libro, entonces ya está en el proceso de la transformación. Dios lo ha encontrado donde está ahora. Lo está estirando.

Puede que haya algunas cosas que lo estén abrumando. Cualesquiera que sean sus retos: maritales, financieros, laborales, ministeriales, escolares, o conflictos personales o internos, no desista.

Es hora de levantarse y ser transformado por el poder de la Palabra de Dios sobre su vida. El mero hecho de que todavía esté vivo a pesar de algunas cosas que ha atravesado demuestra que Dios no ha terminado y que su misión aún no está completa.

Cualesquiera que sean las elecciones incorrectas que ha hecho o los hábitos dañinos o el pensamiento equivocado que puede haber tenido, ¡tome la decisión de detener la locura! ¿Cómo detiene la locura? Bueno, llegue hasta la raíz y desarráiguela. Puede que la condición exterior de su cuerpo solo sea un reflejo del estado de su corazón. De modo que entre allí y pídale a Dios que excave hasta encontrar al culpable.

¿Está listo para proclamar su victoria? Muy bien, declaremos juntos:

> En lo que respecta al día de hoy, camino apto para mi misión. Reemplazo mis hábitos dañinos por hábitos saludables. Ya no perderé nunca más el control porque le doy a Dios todo el control. Mi espíritu, alma y cuerpo

> están ahora espiritualmente alineados con el plan de Dios. Mis emociones son estables y mis emociones son firmes. Mi espíritu está dispuesto y mi alma dice: "¡Sí, Señor!".

Sea lo que sea que se presente en su camino, ¡levántese y comience otra vez hasta que haya terminado su misión y alcanzado su destino!

¡Su TRANSFORMACIÓN está aquí!

Una publicación del grupo de Facebook Aptos para su Misión

Mire, a menudo soy mi peor crítica. Constantemente me recuerdo a mí misma que no estoy donde necesito estar en "Aptos para su misión". Pero hoy, mientras separo la ropa, miro los bultos y me doy cuenta de que la pila de ropa para ir al gimnasio es la pila más grande. Sé que suena loco, pero comencé a llorar, porque hace un año y medio atrás, mi cuerpo apenas podía funcionar correctamente. Despreciaba mi vida. Tenía 94 libras de más. Todos los días tenía dolor en las rodillas y en las articulaciones. Los inhaladores para el asma eran mis mejores amigos y entonces pienso en mi vida ahora, este segundo viento que Dios me ha permitido disfrutar, y no me queda más que bendecirlo. Ciertamente, puede que no esté donde necesito estar, pero bendito Dios, no estoy donde estaba.

Reflexiones

La obediencia es ser capaz de decir sí al plan de Dios para usted.

1. ¿Hay algunas esferas que necesitan una transformación? Menciónelas.

___

___

2. Escriba acerca de algunos aspectos en los que siente que Dios lo está transformando desde que está leyendo *Aptos para su misión*. Escriba acerca de lo que puede hacer para alinearse con el plan de Dios para usted.

SECCIÓN TRES
TERMINAR BIEN

Es sábado por la mañana. El sol está brillando y el clima es perfecto para hacer algunos trabajos de exteriores que he estado posponiendo. Con todas las buenas intenciones, me dispongo a comenzar mi día y ser productiva. "Ordenaré mis pensamientos mientras desayuno y luego: manos a la obra", me digo a mí misma.

Mientras el café se está haciendo, pienso: "Voy a arreglar la cama y a ordenar el cuarto". Mientras estoy arreglando la cama, escuchó la alerta de la cafetera que anuncia que el café ya está listo. Café en mano, se me ocurrió que era una buena idea poner en la lavadora los platos que mis hijas han dejado en el fregadero. No quería que el desorden me frustrara. Después de llenar la lavadora de platos, me doy cuenta de que me he quedado sin detergente para lavar platos. "Ya sé. Saldré y compraré algo simple para comer esta noche y compraré, de paso, el detergente", me digo a mí misma.

Camino al supermercado pienso: "¿Qué estoy haciendo? Si no voy a la tienda de insumos para el hogar, desperdiciaré mi día y no podré terminar los trabajos que quiero hacer. La lavadora de platos puede esperar. Puedo buscar más tarde algo de comer". Me dirijo hacia la tienda de insumos para el hogar.

Cuando estoy entrando a la tienda, mi esposo me llama: "Cariño, cancelaron la reunión. ¿Qué estás haciendo?" (Escucha mi respuesta.) "Perfecto, me reuniré allí contigo", me dice con entusiasmo. Mientras caminamos juntos, me dice: "Con un día tan hermoso, creo que debemos pensar en buscar los muebles para el patio de los que hemos estado hablando, pero pienso que debemos buscar otro lugar para evaluar las opciones", a lo que yo respondo que me parece bien.

Bien, permítame detenerme aquí y contarle solo el final: nunca se arregló la cama, no desayuné, los platos se quedaron sucios, nunca se compró el detergente, el trabajo de exteriores nunca se empezó y no encontramos ningún mueble de patio que nos mostraran en nuestro diligente día de compras. Me siento frustrada e incompleta. Si bien esta historia es prácticamente hipotética, voy a ser honesta: esa es la forma en que han lucido muchos de mis días, semanas e incluso meses.

Esto me recuerda los esfuerzos de Nehemías para reconstruir la muralla y las puertas rotas de Jerusalén.

> Continuamos con la reconstrucción y levantamos la muralla hasta media altura, pues el pueblo trabajó con entusiasmo y acordaron atacar a Jerusalén y provocar disturbios en ella.
>
> —Nehemías 4:6, 8

La muralla hasta media altura. A media altura. La obra se detiene porque la oposición y el desaliento se hacen presentes.

Tal vez usted comenzó con grandes intenciones. El enemigo, sin embargo, vio su entusiasmo y se propuso estancar su progreso. Puede que usted sea su mayor enemigo. ¿Qué hará? ¿Desistirá? ¿Abortará su misión y la tarea que Dios le ha encomendado? ¡Por supuesto que no! Así como Nehemías, lo animo a que luche (ver Nehemías 4). Usted no peleará con su fuerza física. En vez de ello, peleará con la fortaleza espiritual, proclamando el nombre de Jesús, declarando la Palabra de Dios y permitiendo que el Espíritu Santo lo dote con la fuerza para terminar lo que ha comenzado.

Habrá oposición. Surgirán distracciones. La duda intentará estancarlo. La inseguridad aparecerá como un gigante demasiado grande como para derrotarlo. Pero permítame recordarle, usted es un hijo del Dios viviente. Ha avanzado mucho. ¡Darse por vencido no es una opción! Su misión le pertenece y no hay nadie mejor que usted o más calificado para cumplirla. De modo que "no nos cansemos de hacer el bien, porque a su debido tiempo cosecharemos si no nos damos por vencidos" (Gálatas 6:9).

Capítulo 11

TERMINAR LO QUE COMENZÓ

> Lleven ahora a feliz término la obra, para que, según sus posibilidades, cumplan con lo que de buena gana propusieron.
>
> « 2 CORINTIOS 8:11 »

¿ESTÁ LISTO PARA terminar lo que comenzó? Es hora de considerar todas las misiones que comenzamos pero, por cosas de la vida, no terminamos. Antes de movernos en esa dirección, dedique un momento a hacer un inventario de su vida y pregúntese si se ha ocupado debidamente de cualquier asunto en su corazón que no esté terminado.

A lo largo de este libro hemos hablado de la importancia de la confrontación, de llegar hasta el corazón del asunto y tomar las decisiones correctas. Mi oración es que haya podido animarlo a mirar profundamente a esas áreas y encontrar el valor para avanzar resolviendo los problemas.

Tengo la clase de personalidad que cuando las cosas están desordenadas, me vuelvo inefectiva y se me turba el corazón. Es esa la razón por la que permanecí inmóvil durante una época de mi vida. Añadiré que lo mismo sucede con el Espíritu Santo. Cuando hay caos en nuestras mentes y corazones, se vuelve difícil ser efectivos en lo que Dios requiere de nosotros y nuestra misión está en peligro.

A medida que se adentra en su misión, es bueno poner las cosas en orden: los recursos, el tiempo y los talentos. Es bueno tener orden en nuestras vidas. La falta de orden trae como consecuencia la confusión y el caos. El orden es una señal de que hemos dedicado tiempo para examinar todo lo que tenemos delante y lidiar con ello. Dice que hemos colocado las cosas en el lugar adecuado. El orden en nuestras vidas declara que hemos invertido tiempo para prestar atención a nosotros mismos y a las cosas que son importantes para nosotros porque ellas son importantes para Dios. La

Escritura afirma: "Tengan cuidado de sí mismos y de todo el rebaño sobre el cual el Espíritu Santo los ha puesto como obispos" (Hechos 20:28).

Colocar las cosas en orden de modo que sea posible ver claramente lo que Dios le ha dado puede requerir un poco de esfuerzo. La verdad del asunto es: hacerse *apto para su misión* requiere trabajo. El trabajo duro es parte del proceso. *Trabajo* no es una palabra mala. Mi definición de trabajo es "hacer algo con el objetivo de obtener algo".

El trabajo sin terminar dice mucho de nuestro carácter. Muestra que no hemos planificado de la manera apropiada o que hemos permitido que la inadecuada administración del tiempo, el exceso de ocupación o la falta de orden controlen los resultados. Nuestro trabajo sin terminar revelar cómo manejamos nuestras vidas diariamente. En última instancia, cómo manejamos nuestras vidas se convierte en la firma de lo que somos. Cuando empezamos a dejar atrás malas firmas de nuestro características (el guión es intencionado), inevitablemente estamos declarando que a nuestro carácter le falta integridad para hacer las cosas y vivir la vida con un espíritu de excelencia.

Nuestro carácter habla de quiénes somos; es una descripción manifiesta de nuestra propia naturaleza. Como mencioné anteriormente en este libro, yo sufría del mal de posponer las cosas. Tengo que admitirlo, a veces todavía tengo luchas con eso. Pero ahora, debido a que estoy consciente de ello y lo he enfrentado, cuando se cuela, trato con esto antes de que me domine.

Entre los diversos efectos negativos que tuvo en mi vida el posponer las cosas está la serie de tareas que dejé sin terminar. Esto me causó un retraso en mi misión. Si tenía un sueño relacionado con la misión de mi actual ministerio, solía decirme a mí misma que tenía mucho tiempo para verlo materializado. Si tenía una misión que debía cumplir para una fecha determinada, normalmente esperaba hasta el último minuto, convenciéndome a mí misma de que terminar requeriría muy poco tiempo. Mientras tanto seguía añadiendo tareas a mi lista de cosas por hacer. No pasó mucho tiempo antes de que los proyectos relativamente fáciles se convirtieran en montañas de imposibilidades. Como resultado, a menudo me sentía abatida, hipercrítica, frustrada y agitada.

Mire, el problema nunca era empezar. El problema era terminar lo que había empezado. Ahora me doy cuenta de que el trabajo sin terminar era una consecuencia de la falta de alineación en otras áreas de mi vida. Creé una montaña tan alta de tareas sin finalizar que me impedía ver las grandes bendiciones de Dios. Me estaba perdiendo los descubrimientos que me esperaban al otro lado de mis tareas terminadas.

Su misión es su entrada a los grandes descubrimientos. Permítame explicarle. Dios ha colocado dones dentro de usted. Los dones son para usarse. Los dones, los talentos y las habilidades combinados pueden lanzarlo a la grandeza. Hay puertas de favor que lo han estado esperando; sin embargo, no es hasta que complete una misión que estará listo para la siguiente. Cada misión es un mundo de descubrimiento de usted mismo como hijo de Dios y de Dios como su creador. Pero aquí es donde llega el enemigo: él no quiere que usted vea cuán maravilloso lo ha creado el Señor. El enemigo no quiere que usted sea victorioso en la vida. No quiere que usted descubra la grandeza de Dios sobre su vida. Entonces, ¿qué hace? Usa sus deseos terrenales que no han sido satisfechos para impedirle avanzar en su misión.

Hay monstruos terrenales y carnales que tienden a impedirnos terminar aquello que hemos comenzado. Por ejemplo: las DISTRACCIONES. Una distracción es "algo que sirve como diversión o entretenimiento. Una interrupción; un obstáculo a la concentración. Agitación mental o locura".[1] A continuación presento una lista de varias distracciones que pueden servir para impedirnos avanzar en nuestra misión:

- Problemas
- Relaciones
- Dinero
- Rutina
- Trabajo
- Materialismo
- Temor
- Duda

Esas son solo unas pocas. Estoy segura de que usted puede añadir más a esa lista.

Las distracciones nos roban nuestra efectividad. Uno no puede ser efectivo si está distraído. El enemigo usa la distracción para robarle tiempo valioso y hacerle perder momentos de oportunidades que Dios le ha preparado. Esto tiene que cesar. Me pregunto: ¿cuántos momentos hemos perdido porque hemos estado distraídos con otras cosas?

Las distracciones pueden robarnos nuestra efectividad en nuestras misiones como padres, esposos o esposas y el resto de las tareas que tenemos delante. Cuando estamos distraídos, perdemos de vista aquello que tenemos delante. Nuestras mentes se dividen entre la misión y la distracción.

Me vienen a la mente personas que han permitido que la distracción reine en sus vidas. La distracción ha pasado de visitante a residente permanente en sus hogares y en sus corazones. Hoy están lamentando la pérdida de lo que una vez tuvieron. Lo que una vez fue ya no es; ha sido reemplazado por un matrimonio quebrantado, un ministerio muerto, la pérdida de un empleo, la ausencia de paz mental, o el caos financiero. La pérdida se ha producido como consecuencia de la distracción. La distracción es dejar que nuestro yo logre lo que quiere, complaciéndose en los deseos terrenales. Es nuestra carne que clama por los placeres terrenales.

Hay algunos hombres en la Biblia que se distrajeron y vieron su misión retrasada o murieron antes de culminarla:

- Sansón tenía una misión pero su carne lo condujo a las manos equivocadas y murió mientras estaba en la misión (Jueces 16).
- Moisés se distrajo quejándose de un pueblo rebelde. No siguió las instrucciones de Dios para hacer lo que Dios quería que hiciera. Desobedeció a Dios y no se le permitió entrar en la Tierra Prometida (Números 20).
- Sara se le adelantó a Dios y retrasó su misión de convertirse en madre (Génesis 16).

¿Y qué de usted? ¿Tiene algún ejemplo de cómo la distracción ha causado un retraso en *su* misión?

Por nada esté afanoso, usted completará aquello que ha empezado

Esta es una historia de cómo Dios apareció justo cuando yo estaba decidida a rendirme.

Erase una vez, esta chica que está aquí llevó un pasaje de las Escrituras a un nivel completamente diferente. El pasaje decía: "Esfuérzate por presentarte a Dios aprobado" (2 Timoteo 2:15). Decidí que iba a seguir tres cursos de posgrado. Estaba emocionada. Ansiosa por terminar mis estudios de posgrado, estaba dispuesta a hacer lo que fuera necesario. Sabía que parte de mi misión era ser consejera profesional y sabía que a Dios le agradaría que hiciera mi maestría en consejería profesional.

Hacia el final del semestre, había que cumplir el cronograma. Hice tantos trabajos de investigación aquel semestre que había perdido la cuenta. Hacía un promedio de seis trabajos por semana de no menos de doce a quince páginas cada uno. Bueno, ya que cada asignatura tenía su propia evaluación final, ahora me habían mandado a hacer trabajos de más de veinte páginas para cada asignatura.

Esto probablemente habría sido menos difícil si no hubiera tenido todas las circunstancias que me impedían permanecer completamente enfocada en esa misión. Tenía una familia que cuidar, una iglesia que ministrar y un cúmulo de otras responsabilidades.

Permítame hacer una pausa por un momento y preguntarle: ¿Alguna vez ha sentido que a pesar de que una tarea es demasiado grande como para llevarla a cabo, sabe que tiene que hacerla? Porque así es como yo me sentía; tan difícil como pareciera la tarea, sentía que Dios quería que permaneciera en esa misión. Verdaderamente creía que esa misión iba a abrir puertas para otras misiones.

La semana en la que tenía que entregar todos los trabajos, comencé a sentir la presión de las fechas que se aproximaban. Recuerdo cómo llegaba a la casa después de predicar en nuestra iglesia. No quería nada más que ponerme mi pijama y acurrucarme cerca de mi familia para pasar la noche en un absoluto relajamiento hasta quedarme dormida. Mi cuerpo quería descanso. Había un problema: mi espíritu estaba inquieto porque había una misión que debía terminar.

Me encanta cómo el Espíritu nos alerta sobre lo que debemos y lo que no debemos estar haciendo. Tengo que decírselo, ¡hay cosas que simplemente no puedo hacer porque Dios no me lo permitirá! ¿Es esto algo malo? No, en realidad es algo maravilloso. Solo significa que Dios me ama inmensamente y quiere que viva de la manera en que Él lo diseñó.

Hice un acopio de energía para cambiar mi pensamiento y ponerlo en modo de escritura. Era alrededor de las dos de la mañana cuando escuché la voz de la distracción diciéndome: "Estás cansada. No puedes hacerlo. Es demasiado. Tienes que detenerte ahora. ¿No sientes el dolor en tu cuerpo? Casi no puedes permanecer sentada. Mira todo lo que necesitas hacer. ¿Cómo vas a terminarlo todo?".

Podía sentir el dolor en mi cuerpo. Me sentía enferma del estómago. Mi corazón se aceleró. Me parecía que iba a tener un ataque de ansiedad. Casi no podía mantener los ojos abiertos.

Comencé a dudar de mi habilidad para terminar. Empecé a llorar. Estaba cansada; había estado cansada durante semanas. Había estado llevando tantas cosas: el ministerio, las responsabilidades del hogar y la escuela. No había parado. El enemigo estaba intentando usar un momento de debilidad como una oportunidad para desatar la guerra. Me sentía débil. Mi espíritu se sentía débil y mi alma clamaba por descanso.

Dejé de escribir y lloré bajito, porque no quería despertar a mi familia, ni quería mostrarles que no podía llevar a cabo esta tarea. Pensaban que era una mujer fuerte. Podía sentir mi corazón corriendo a medida que un dolor intenso se extendía por mi brazo izquierdo. "Oh, Dios, no puedo hacer esto, no puedo hacerlo".

¿Alguna vez ha clamado a Dios con desesperación: "¡Señor, esta misión es demasiado grande para mí! ¡No puedo hacerlo! No quiero seguir avanzando"? Ese es un lugar difícil de soportar. Allí estaba yo, a unos pocos días de los plazos de entrega, y me estaba desmoronando. Note que estaba muy cerca de cumplir mi tarea, pero no podía levantarme y terminar. Necesitaba un segundo viento. Necesitaba que el viento del Espíritu Santo me reavivara y trajera la paz a mi alma ansiosa.

Mientras lloraba, sentía como si la habitación se me viniera encima y cada tarea sin terminar me cayera sobre los hombros como ladrillos demasiado pesados de soportar.

¿Cómo cree que salí de eso? Permítame contárselo.

Estaba allí sentada sin esperanza y llorando. Sí, así fue, una hija de Dios, una vasija que Dios había escogido para confiarle una misión. Lo que no sabía era que algo estaba ocurriendo en el reino espiritual. Dios estaba esperando por mí. Dios estaba esperando que yo usara la autoridad que me había dado para cambiar una atmósfera y el pronóstico de una circunstancia. Los ángeles estaban en sus posiciones, listos para acallar las voces. Solo estaban esperando mi señal.

Enseguida que mi alma gritó: "Ayúdame", el Espíritu de Dios respondió: "Aquí estoy". Entonces me vino a la mente este pasaje de la Biblia: "No se inquieten por nada; más bien, en toda ocasión, con oración y ruego, presenten sus peticiones a Dios y denle gracias. Y la paz de Dios, que sobrepasa todo entendimiento, cuidará sus corazones y sus pensamientos en Cristo Jesús" (Filipenses 4:6–7). La Palabra viva de Dios vino para confortar mi alma cansada.

¿Por qué había pensado que Dios podía abandonarme? En lo profundo de mi corazón sabía que no lo haría. Sin embargo, al distraerme con la imposibilidad de la misión, el enemigo ganó terreno para llenarme de ansiedad y temor y hacer que la tarea luciera humanamente imposible. Pero Dios *es* mi torre fuerte. Me apoyé en su Palabra. El hombre espiritual dentro de mí tomó el alma de la mano y dijo: "Ven, entrégame tus preocupaciones. ¡Yo gano!". Como resultado, mi cuerpo adoptó la posición adecuada cuando me enderecé en la silla, organicé mis pensamientos y declaré: "Todo lo puedo en Cristo que me fortalece" (Filipenses 4:13).

Era el momento para que Dios hablara: "¡Reina, puedes

hacer esto! No te detengas ahora. Termina lo que empezaste. Hay un gran propósito para tu vida". El Gran Alentador me estaba alentando.

¡Lo hice! Terminé la misión. ¿La nota final de todos los trabajos? ¡Cien! La recompensa fue maravillosa, pero fue el proceso lo que más me enseñó.

¿Puede ver cómo el enemigo intentó impedir que llegara a la meta? Quería impedir que terminara mi misión porque sabía que ella me acercaría más a Dios. Presentía que mi misión, en última instancia, impactaría a muchas personas.

Esto es lo que estoy tratando de decirle: su misión no siempre será fácil. Puede ser difícil e incluso imposible, pero Dios le ha dado los recursos para hacerlo apto para su misión y debe aprovecharlos. Nos ha provisto su Palabra, su presencia y un corazón alineado. No es posible que falle. Créame. Saldrá asombrosamente bien en su misión.

No permita que el tamaño de su misión lo asuste

Si Dios le ha dado una misión que le parece demasiado grande o intimidante, quiero que sepa una cosa: si Él lo escogió, ¡entonces usted es la persona idónea para el trabajo! A partir de esa premisa usted debe abrazar y apropiarse de la misión. De hecho, cuando estudiamos las Escrituras, todas las misiones que Dios dio a hombres y mujeres fabulosos fueron tan grandes que requirieron una fe sobrenatural. Consideremos primero lo que Jesús declaró: "Ciertamente les aseguro que el que cree en mí las obras que yo hago también él las hará, y aun las hará mayores. Cualquier cosa que ustedes pidan en mi nombre, yo la haré; así será glorificado el Padre en el Hijo. Lo que pidan en mi nombre, yo lo haré" (Juan 14:12–14).

Este es su momento. Si está leyendo este libro, puedo asegurarle que Dios está tirando de su espíritu y diciéndole: "Levántate y adéntrate en la misión que te he dado". Usted ha sido creado para hacer grandes cosas, cosas que no solo aumentarán su fe, sino que también edificarán la fe de aquellos que lo rodean.

¿Recuerda al joven pastor David? Dios lo había escogido y lo había ungido. David se enteró del terror que los filisteos estaban implantando en el pueblo de Israel. Debido a que estaba dotado con grandeza, favor y unción, su espíritu se enardeció dentro de él. De modo que decidió que iba a hacer algo al respecto. David estaba deseoso de enfrentar al gigante (1 Samuel 17).

No sé usted, pero si hubiera sido yo la que estuviera enfrentando a un gigante monstruoso como Goliat, es probable que hubiera corrido de vuelta al rebaño que había dejado atrás. Gracias a Dios que era David y no yo el que estaba ese día en aquel lugar.

Por supuesto, siempre habrá críticos que pueden dudar de su habilidad, basándose en su apariencia. Pero puede estar confiado de que se ha estado preparando para esto toda su vida. Todas las otras misiones y tareas lo estaban preparando para esta.

David sabía cómo enfrentar al enemigo. Lo había estado haciendo en el campo mientras protegía al rebaño de su padre. La diferencia era que este enemigo era un poco más grande…bueno, ¡mucho más grande! David estaba decidido. Seguramente hubo algo dentro de él que dijo: "Puedes hacerlo. Esta es tu misión. Has sido escogido para esto".

David se había estado preparando, haciéndose *apto* para ocuparse de un gigante filisteo. Dios había provisto recursos tanto internos como externos para combatir cualquier cosa que se presentara en el camino para cumplir la misión. No obstante, para su protección, el rey Saúl quiso vestirlo con la armadura adecuada para la batalla. Lo que Saúl no podía comprender era que David ya estaba apto para su misión. Todo lo que se requirió fue una honda y una hermosa y brillante piedra lisa para derribar al gigante.

¿Cómo lo hizo? ¿Cómo fue David capaz de derribar al gigante y cumplir su misión?

- Era el hombre idóneo para el trabajo, ungido y designado para este.
- Tenía fe.
- Había estado preparándose para esto durante la mayor parte de su vida.

- Conocía al Dios de Israel.
- Estaba enfocado.
- Era un hombre conforme al corazón de Dios.

La misión puede parecer imposible desde la perspectiva de otros, pero para aquellos que Dios ha escogido para que la lleven a cabo y cuyos corazones están alineados, ¡no se trata de cuán grande es la misión sino de cuán grande es la fe en el Dios que les encomendó esa misión!

Dios quiere manifestar su gloria a través de nosotros. A medida que avanzamos en nuestro llamado, aptos y capacitados, estamos proclamando las buenas nuevas de Dios. Al depender de Dios para cumplir nuestra misión, estamos construyendo una relación con Dios que revela su propia esencia. ¡Con cada misión Dios quiere mostrar su amor, su carácter y todo lo que Él es a través de nosotros!

Nuestra misión nos acerca a Dios y también hace que aquellas personas a las que hemos sido enviados se acerquen a Dios. Su amor se da a conocer y su esencia resplandece a través de nuestra vida diaria y nuestra obediencia.

¿Acaso no resulta emocionante saber que somos socios de un gran Dios, del Creador del universo? ¿Está listo para adentrarse en su misión? ¿Está dispuesto a terminar lo que comenzó? Es mi deseo y mi oración que su respuesta sea sí. Estoy segura de que ahora es su momento para abrazar la misión que Dios le ha asignado. A veces será difícil. Pero el Dios que lo escogió estará allí y su poder se perfeccionará en su debilidad. No solo *realice* su misión; hágala de la mejor manera posible. ¡Usted tiene la victoria porque el Dios que está en usted es un Dios de victoria!

Una publicación del grupo de Facebook "Aptos para su misión"

No tenía idea de que Dios estaba obrando en mí durante la noche. Me desperté en un reino diferente, lista para conquistar. Estoy lista para traerlo todo de vuelta y eso incluye mi salud.

Reflexiones

El trabajo sin terminar dice mucho de nuestro carácter.

1. ¿Cuál ha sido el mayor reto que ha tenido para hacerse apto para su misión? ¿Qué es aquello que no ha terminado en su vida?

2. Escriba lo que ha cambiado en su vida desde que comenzó a leer este libro. ¿Qué le ha mostrado Dios? ¿Qué está dispuesto a llevar a cabo para hacerse apto para su misión?

Capítulo 12

ESO ERA ANTES, ¡ESTO ES AHORA!

Alaba, alma mía, al Señor; alabe todo mi ser su santo nombre. Alaba, alma mía, al Señor, y no olvides ninguno de sus beneficios. Él perdona todos tus pecados y sana todas tus dolencias; él rescata tu vida del sepulcro y te cubre de amor y compasión; él colma de bienes tu vida y te rejuvenece como a las águilas.

« SALMO 103:1–5 »

QUÉ VIAJE HA sido este de estar aptos para su misión. ¿Puedo decirle que el libro que está sosteniendo en sus manos es el resultado de una alineación espiritual completa y de una entrega a Dios? Cuando Dios me dio el concepto de *Aptos para su misión*, no tenía idea de que este sería un mensaje para compartir con tantas personas maravillosas como usted. Solo quería estar bien con Dios. Quería una relación más que cualquier otra cosa. Creo que Dios quiere eso para muchos, tanto como que estoy aquí compartiendo este mensaje con usted.

Nunca olvidaré las cosas buenas que Dios ha hecho y que todavía está haciendo en mi vida. Él sanó las heridas de mi corazón y renovó mi juventud. Mi oración es que este libro haya despertado un deseo y una pasión en usted para cambiar patrones y conductas. Dios quiere que usted sea completamente efectivo en todos los aspectos de su misión. Un espíritu, alma y cuerpo aptos y alineados harán que usted acoja su misión con poder, cumpliendo todo lo que Dios le ha llamado a hacer.

Es importante recordarle que el estar apto fue un proceso de cuatro pasos: convicción, confrontación, transformación y revelación.

Convicción

Me volví impura cuando la convicción hizo su entrada a mi corazón. No tenga miedo. Volverse impuro quiere decir que ahora Dios puede hacerle de nuevo, tal como la arcilla en las manos del alfarero. Quizá mientras leía este libro Dios le reveló esferas de su vida que necesitaban cambiar. Quizá algunas esferas estaban descuidadas y Dios lo ha llamado a rendir cuentas. Esto significa solo una cosa; Dios le está haciendo apto para su misión. Ahora algo cambia en su vida.

No se sorprenda si las cosas de su pasado comienzan a resurgir. Esto es bueno. Significa que Dios está limpiando su corazón y estas cosas ya no volverán a dominarle más. La convicción sirve para recordarnos que el Espíritu Santo está activo en su vida. Hay actividad en su corazón, lo que significa que Dios va a estar seguro de que su carne no prevalezca sobre su espíritu.

¿Recuerda cuando dije que la convicción no es condenación? Bueno, déjeme reiterarlo: la convicción no quiere que usted camine cabizbajo, sintiéndose culpable y condenado. La convicción es Dios recordándole que usted fue hecho para más. La convicción lo moldea a sus estándares.

Confrontación

Este puede ser un paso difícil para muchas personas y ciertamente lo puedo entender. Sin embargo, si vamos a caminar por entero en nuestra misión, debemos enfrentarnos a nuestros problemas. ¿Fue eso fácil para mí? No la primera o la segunda vez. Quizá ni siquiera la tercera. Pero mientras más lo hice, más fácil se hizo y me sentí más liberada. Déjeme alentarle diciéndole que Dios estará con usted durante todo el camino que esté en este paso de la confrontación. En el momento en que pueda identificar esas áreas que han obstaculizado su progreso, crecimiento y misión, debe confrontarlas.

No se deje engañar. Dios no define la confrontación como lo hace el mundo. El mundo puede decir: "Esto es lo que voy a decirle y así es. ¡Acéptelo!" Pero Dios dice: "Quiero que tome esas esferas de su vida que han evitado que siga adelante en su misión y que las identifique para que las pueda dejar ir. Haga la paz conmigo y camine en la grandeza que tengo para usted".

¿Ve la diferencia? Uno le mantiene derrotado; el otro le levanta.

Revelación

Es allí que Dios le mostrará el plan y el propósito de su vida. Sus sueños, sus deseos y la visión para su vida comenzarán a estar claros. Si usted está en alineación, entenderá que esos son *sus* sueños y *sus* planes como Dios se los ha dado. Comience a ver con claridad el propósito y el destino de Dios para su vida. Dios le revelará su corazón y el de Él mientras los dos se mezclan para latir unidos.

Una de las cosas más grandes que han ocurrido en mi vida después de muchos años de servir a Dios es que ahora puedo decir sinceramente que puedo sentir su pulso, los latidos de su corazón. Sé cuándo lo entristezco. Sé cuándo lo hago reír. Sé cuándo estoy en alineamiento. Tengo la plena conciencia y la seguridad de su presencia en mi vida. Esto es invaluable.

Le animo a permitir que Dios se le revele mientras usted le expone su corazón. Él quiere darle tanto. ¿Rendirá usted todo a Él? Oro para que lo haga, porque sé que no hay nada que Él desee más que tener una relación con sus hijos.

Transformación

Bueno, todo lo que puedo decir es, bienvenido a la normalidad. Esto le permite ver el *antes* y el *ahora.*

Desenfocado, no inspirado, con malos hábitos alimenticios, malos pensamientos, falta de revelación, sobrepeso, malhumorado, dudoso, miedoso, inestable, inseguro, no apto…

¡ESO ERA ANTES!

Enfocado, determinado, inspirado, con hábitos alimenticios saludables, mente sana, revelación, alegre, confiado, valiente, estable, seguro y apto para su misión…

¡ESO ES AHORA!

Hubo un avance y aquí estoy. Hubo un avance y aquí está *usted.*

Esto no significa que somos perfectos ni que seamos mejores que otros; significa que necesitábamos a Dios más que a cualquier otra cosa y Dios nos vio en nuestra necesidad más grande porque transmitimos un mensaje; un mensaje, una misión, un regalo de Dios que necesitaba compartirse.

Dentro de usted hay un regalo, un talento, una misión que debe cumplirse. Quizás usted esté en una misión pero no tenga pasión. Está cansado. La vida lo ha derrotado. No sabe dónde comenzar, mucho menos cómo recoger los pedazos.

Por eso es que está sosteniendo este libro. Dios ya comenzó a trabajar en su vida. No se rinda. No se deje vencer. En lugar de eso levántese y diga: "Seré todo lo que Dios me ha llamado a ser. Haré todo lo que Dios me ha llamado a hacer".

Como pastora, ministro y líder no fue fácil exponer mis trapos sucios, pero fue necesario. Me doy cuenta de que hay muchos en las trincheras del ministerio lidiando con algunos problemas que no se atreven a compartir con otros. Si usted es uno de ellos, entonces permítame alentarle: no hay nada más liberador que cuando se quita sus títulos y dice: "Dios, te necesito".

A usted también le duele. Usted es humano. Tiene sentimientos, preocupaciones e inseguridades. En lugar de esconderse y permitir al enemigo que lo haga prisionero dentro de las paredes de su título, estatus, posición, confróntese a usted mismo. Permita que Dios haga un trabajo maravilloso mientras libera su alma para que pueda ser más efectivo y así usarlo para su gloria.

Hubo muchos momentos en que tuve que hablar de milagros cuando aún estaba esperando el mío. Esos son tiempos cuando la vida y el ministerio se hacen tan difíciles de llevar y preguntamos a Dios: "¿Dónde estás? ¿Por qué me tienes en esta misión?".

A menudo el enemigo usaba esto en mi contra. El enemigo quería que yo dudara de Dios, así como de la misión de mi vida. No fue hasta que alineé mi corazón con el corazón de Dios que incluso cuestiones como éstas llegaron a ser irrelevantes. Me di cuenta de que a pesar de lo que me estaba pasando, Dios seguía siendo Dios. Y Dios es siempre fiel. Aprendí a esperar el tiempo de Dios. Y puedo decir: Dios siempre llega a tiempo. Además, aprendí que el Señor que me llamó será fiel para proporcionarme todo lo que necesito a su debido tiempo.

Por último, Dios quiere glorificarse a sí mismo a través de usted. Él quiere revelarse a sí mismo al mundo que lo rodea a través suyo. A medida que avanza en su misión, sepa que su relación con Dios se profundizará cuando comience a tener hambre y sed de su presencia. Su relación va creciendo mientras que un abismo llama a otro abismo.

Aquí está mi oración por usted:

Oro para que viva la vida que Dios ha destinado para usted.

Oro para que se mueva en la plenitud de su misión con poder y fuerza, ya que ha sido escogido y ungido.

Oro para que entre en la mejor época de su vida.

Oro para que todos los días recuerde la providencia de Dios sobre su vida.

Oro para que tenga hambre y sed de Dios.

Oro para que la convicción lo despierte.

Oro para que la confrontación lo libere.

Oro para que la revelación lo encienda.

Oro para que la transformación lo convierta.

Dios pregunta: "¿Quiere ser completamente apto en todas las esferas de su vida?". Tiene que tomar una decisión. Todo se trata de elecciones.

Oración a Dios

Señor, hoy vengo ante ti y declaro que tú me has dado una misión que debo cumplir. Te pido que me escudriñes, Señor, y examines mi corazón. Trae sanidad, restauración y transformación a las áreas que han afectado mi capacidad para moverme victoriosamente en mi misión. Me entrego a ti, Señor. Todo lo que soy es tuyo, mi espíritu, alma y cuerpo te pertenecen. Perdóname por cualquier mal que haya hecho. Que tu misericordia y gracia me cubran.

Tú sabes los planes que tienes para mí. Te entrego mi voluntad y que tu voluntad se manifieste en mi vida.

Me comprometo a preparar mi espíritu, alma y cuerpo para la misión que has depositado en mis manos. Muero a mí misma para que tú puedas vivir en mí. Quiero tener hambre y sed de tu presencia. Quiero conocerte y tener una relación contigo. Te llamaré en mi hora de necesidad y no seré removido por las circunstancias de la vida. Desde este día en adelante confío en ti con mi vida y vengo delante de ti con un corazón quebrantado y un espíritu dispuesto a ser todo lo que ordenaste para mi vida.

Yo soy tuyo, Señor, para ser utilizado por ti.

¡Prepárese para avanzar mientras se hace APTO PARA SU MISIÓN!

Una publicación del grupo de Facebook "Aptos para su misión"

¡Dios ha sido tan bueno conmigo! He crecido mucho este año. Espiritualmente, nunca he estado en donde me encuentro ahora. Al comienzo del año le pedí a Dios que me llevara a una nueva dimensión con Él. Confié en Él durante una poda agotadora. Sufrí pérdidas. ¡Lloré y tuve momentos de duda y preguntas, pero me atreví a caminar en lo sobrenatural! ¡Ha valido la pena! No puedo estar tranquila al respecto. ¡Si Dios puede transformar mi vida, definitivamente puede transformar la suya! ¡Dios hace su mejor trabajo con el menor de estos! Es posible que para los hombres que usted sea un desastre, pero para Dios, usted es su obra maestra hermosa.

Reflexiones

Usted es la hermosa obra maestra de Dios.

Escriba en cada categoría una cosa que sepa de usted y que le recuerde que es una hermosa obra maestra de Dios.

1. Espíritu
2. Mente
3. Cuerpo

Complete cada oración. ______________________________

____

Mi tarea es ______________________________

____

Me he comprometido a cuidar de mi espíritu porque

____

____

Me he comprometido a cuidar de mi mente porque

____

____

Me he comprometido a cuidar mi cuerpo porque

____

____

SECCIÓN CUATRO

DESAFÍO DE TREINTA DÍAS DE APTOS PARA SU MISIÓN

Es mi oración que al haber leído las páginas de este libro, su espíritu se haya conmovido y se haya encendido con mayor pasión para alinearlo con todo lo que Dios tiene para usted. Sé muy bien que no es fácil alejarse de los malos hábitos y actitudes establecidas. También sé que es difícil liberarse de áreas en nuestras vidas que nos han impedido el cumplimiento de nuestra misión. Quiero ayudarlo.

He desarrollado un desafío de treinta días para ayudarle a empezar su viaje, de modo que esté totalmente apto. Puede que treinta días no sean suficientes para cambiarlo todo, pero sin duda lo ayudarán a empezar y a entrar en el camino. Treinta días le ayudarán a romper o a crear algunos patrones. Creo que todos tenemos un punto de partida. Algunos de nosotros tal vez necesitemos un pequeño empujón, un poco de motivación, una oración y una palabra de aliento. Por lo tanto, permítame proveerle de treinta días de reflexión y reenfoque, treinta días para probar algo nuevo y deshacerse de algo viejo.

¿Está usted listo?

Para este desafío de treinta días, necesitará un diario para que pueda escribir sobre su viaje y el progreso de cada día. A decir verdad, esto no es simplemente un desafío de treinta días, sino que es el comienzo de cambios de por vida que le llevarán a lo que se ha destinado para usted desde el principio del tiempo.

Prepárese para nutrir su espíritu, mente y cuerpo. Tenga en cuenta que usted será desafiado en estas áreas todos los días. Dios desea el alineamiento completo.

¡Así que prepárese para estar apto para su misión!

Día 1

¡ESCRIBA LA VISIÓN!

Y el Señor me respondió: "*Escribe la visión* y haz que resalte claramente en las tablillas, para que pueda leerse de corrido. Pues la visión se realizará en el tiempo señalado; marcha hacia su cumplimiento, y no dejará de cumplirse. Aunque parezca tardar, espérala; porque sin falta vendrá".

« HABACUC 2:2–3, (ÉNFASIS AÑADIDO) »

TODOS NECESITAMOS TENER un plan, establecer metas y escribir la visión. Ese es el reto de hoy. Comencemos.

Desafío

1. Tome tiempo para estar a solas.
2. Encuentre un lugar acogedor donde se sienta cómodo y seguro.
3. Escriba lo que quiere lograr en los próximos treinta días mientras se alinea con la misión de Dios para su vida.
4. Enfóquese en los aspectos espirituales, mentales y físicos de su vida mientras escribe sus metas.
5. Escriba una meta general para cada una de estas áreas.

Oración

Querido Dios:

Muéstrame las áreas que tienen que cambiar. Necesito que camines junto a mí en este viaje. Mientras escribo mis metas, aclara la visión. Prepara mi espíritu, mente y cuerpo para recibir lo que está por delante. Amén.

Día 2

¡EMPIECE AHORA!

Querido hermano, oro para que te vaya bien en todos tus asuntos y goces de buena salud, así como prosperas espiritualmente.

« 3 JUAN 1:2 »

AQUÍ ESTÁ LA realidad de todo: Dios quiere que seamos saludables por dentro y por fuera, por lo tanto, es importante liberarse de algunas cosas que no son muy saludables. ¿Está listo para el desafío?

DESAFÍO

1. Haga una lista de distracciones que lo mantienen alejado de su tiempo de calidad con Dios.
2. Deshágase de todas las distracciones que pueda.
3. Limpie el desorden en su mente y escoja confiar a Dios todas las cargas de su día (ore).
4. Vaya a su refrigerador y a su despensa y deshágase de todas las cosas que *no* sean saludables y en sus próximas compras reemplácelas con opciones saludables. Llene su refrigerador con frutas y vegetales (su cuerpo se lo agradecerá). Cambie las papas fritas y los dulces por palomitas de maíz, nueces, pasas, arándanos, barras de granola...las opciones son interminables. Cambie el pan blanco, el arroz blanco y las pastas blancas por versiones integrales. Deshágase de las sodas y llene una jarra con agua fría. Añada limones, fresas y otras frutas frescas a su agua para crear su propia agua con sabor. Con un poco de creatividad las posibilidades son interminables. Consulte siempre a un médico para restricciones dietéticas y lea las etiquetas. ¡No todo lo que se vende como "saludable" es necesariamente saludable para usted!

ORACIÓN

Querido Dios:

Confío en ti. Mientras me comprometo a pasar más tiempo contigo, ayúdame a quitar todas las distracciones. Mi salud está en tus manos. Te doy mis pensamientos y cada carga que afecta mi alma. Hoy escojo vivir una vida sana por dentro y por fuera. Dame el valor para ser consistente, confío en ti, Señor. Amén.

Día 3

¡TENGA UN MOMENTO *SELAH*!

Vengan a mí todos ustedes que están cansados y agobiados, y yo les daré descanso.

« MATEO 11:28 »

AL CONSIDERAR EL caos de cada día nos damos cuenta de que es importante encontrar un tiempo para estar quieto y revitalizarse. Sentarse en la presencia de Dios hará eso. Este es un tiempo para detenerse, meditar y limpiar el desorden del día. Esto le tomará unos pocos minutos.

Desafío

1. Ponga su alarma por cinco minutos (o más si puede).
2. Encuentre un lugar tranquilo.
3. Asegúrese de que no haya ninguna distracción, *¡ninguna!*
4. Ponga sus pies en el piso, relájese.
5. Ponga sus manos en su regazo mirando hacia abajo, muy relajado.
6. Respire profundo. Respire profundo muy lentamente. Sienta su pecho y su cuerpo relajados. Haga esto tres veces.
7. Limpie su mente de cualquier pensamiento. Piérdase en el momento de silencio.
8. Invite a Dios a invadir su silencio.
9. Esté quieto y permita que el Espíritu de Dios llene su alma.
10. Le reto a que sea consistente en este ejercicio por treinta días.

Oración

Querido Dios:

Hoy confío en que, mientras me siento en silencio, tu presencia me cubrirá con amor, paz, consuelo, renuevo y restauración. Sé que puedo encontrar descanso en tu presencia. Amén.

Día 4

¡LLEGÓ EL DÍA: EL DÍA "E"!

Disciplino mi cuerpo como lo hace un atleta, lo entreno para que haga lo que debe hacer. De lo contrario, temo que, después de predicarles a otros, yo mismo quede descalificado.

« 1 CORINTIOS 9:27, NTV »

¿De veras pensó que íbamos a tener un desafío de treinta días y no incluir ejercicios físicos en él? No tenga miedo. Esta es una progresión lenta y cada movimiento cuenta.

Desafío

Antes de que comience cualquier tipo de ejercicios, consulte a su médico para que pueda estar seguro de sus limitaciones.

1. Establezca una meta personal de ejercicios para los próximos veintiséis días, ya sea para subir de peso, bajar de peso o simplemente sentirse bien y energizado.
2. Registre su plan en un calendario, dejando dos días de por medio para descansar y recuperarse.
3. Encuentre una rutina que disfrute e incluya variedad para que no se aburra fácilmente.
4. Comience lenta y firmemente. Quince a treinta minutos por día puede ser un gran comienzo si esto es algo nuevo para usted.
5. Esto no es una competencia; vaya a su propio paso.
6. Incluya entrenamiento cardiovascular y de fuerza.
7. ¡Comience ahora! Pruebe una caminata o carrera de quince minutos.
8. Mantenga su plan y su calendario donde lo pueda ver cada día. ¡Si deja pasar un día no se desanime y no se rinda! ¡Comience nuevamente mañana!

No haga de los días perdidos una regularidad, porque eso también se convertirá en un hábito.

Oración

Querido Dios:

Preparo mi templo para estar completamente apto, dame la fuerza y el entusiasmo para aceptar este desafío con valentía. Confío en que tu mano siempre está sobre mí y que soy más que vencedor. Acepto este desafío. Cúbreme, Dios. Voy a entrar. Amén.

Día 5

ESPERE. DETÉNGASE. ¿QUÉ ESTÁ COMIENDO AHORA?

También les dijo: "Yo les doy de la tierra todas las plantas que producen semilla y todos los árboles que dan fruto con semilla; todo esto les servirá de alimento".

« GÉNESIS 1:29 »

AQUÍ HAY UN poco de verdad. ¡Comer verduras lo mantiene delgado! Ha llegado el momento de hacer algunos cambios en lo que come. Repito, esto no es un milagro de la noche a la mañana. Para algunos de ustedes, como para mí, ¡será una batalla personal! Pero sé que lo puede hacer. Yo lo hice.

Desafío

1. ¡Añada granos integrales, frutas, vegetales, carnes magras y mucha agua a su dieta!
2. Deshágase de las sodas, panes blancos, carnes procesadas y cualquier cosa que sea tóxica para su cuerpo. Hay muchos recursos en línea disponibles por los cuales puede navegar para que le ayuden a encontrar opciones más saludables e informarle de opciones de alimentos no tan saludables. Aquí hay algunos que yo he utilizado:
    - Dr. Colbert's Health Library: http://www.drcolbert.com/health-library.html?SID=e8347e1f07895805c22b36a7d59d0759
    - Women's Health guidelines for "How to Eat for Health": http://womenshealth.gov/fitness-nutrition/how-to-eat-for-health/
    - Let's Move guidelines, "Eat Healthy": http://www.letsmove.gov/eat-healthy

3. Busque algunas recetas deliciosas y diviértase creando un menú que le haga regresar por más.
4. Esto requiere un esfuerzo consciente de su parte. No se preocupe, no está solo. Dios está con usted en este viaje.
5. Manténgase enfocado. Pronto se dará cuenta de que se siente tan bien que no querrá regresar a los antiguos hábitos alimenticios.

Oración

Querido Dios:

No tengo miedo. Sé que estás conmigo. Gracias por ayudarme con los cambios que están teniendo lugar. Esto no es fácil, Señor, pero me comprometo a preparar mi templo para la misión que me has dado. Confío en ti Señor. Amén.

Día 6

¡USTED SE VE MUY BIEN!

¡Te alabo porque soy una creación admirable! ¡Tus obras son maravillosas, y esto lo sé muy bien!

« SALMO 139:14 »

HAY UN GRAN poder en declarar la Palabra de Dios sobre su vida. Hay cosas hermosas sobre usted. Algunas veces el enemigo quiere que pasemos nuestros días mirando todo lo que está mal sobre nosotros; sin embargo, quiero que sepa que a los ojos de Dios: "¡Usted luce maravilloso!".

Desafío

1. Haga una afirmación y recite el pasaje de hoy tres veces: por la mañana, por la tarde y por la noche: "Te alabaré; porque formidables, maravillosas son tus obras. Estoy maravillado, y mi alma lo sabe muy bien".
2. Escriba por lo menos cinco cosas que son maravillosas sobre usted.
3. Calle las voces de cosas negativas que se dicen sobre usted y enfóquese en que Dios lo creó para que fuera excelente.

Oración

Querido Dios:

Algunas veces no me siento bien conmigo mismo. Ayúdame a nunca olvidar que eres tú quien me creaste y me formaste. Por lo tanto, afirmo que Dios me hizo "formidable y maravillosamente". Gracias, Señor, por crearme para la excelencia. ¡Amén!

Día 7

QUERIDO YO

Examínense para ver si están en la fe; pruébense a sí mismos. ¿No se dan cuenta de que Cristo Jesús está en ustedes? ¡A menos que fracasen en la prueba!

« 2 CORINTIOS 13:5 »

DÉJEME HACERLE UNA pregunta: si pudiera escribir una carta para usted mismo, ¿qué diría? Más importante, ¿qué descubriría?

Desafío

1. Escriba una carta para usted mismo.
2. Tome unos minutos para autoexaminarse espiritual y emocionalmente.
3. Comience a escribir y mientras escribe no pare para hacer correcciones. Usted será el único que lea su carta. Es importante que siga escribiendo hasta que sienta que terminó.
4. Ahora léasela.
5. ¿Qué descubrió?

Oración

Querido Dios:

Mientras sigo este desafío, te pido que examines mi corazón y me muestres las esferas de mi vida en que te gustaría que yo trabajara. Algunas veces estoy tan ocupado que descuido ver lo que para otros es tan obvio. Hoy abro mi corazón al autodescubrimiento mientras tu Espíritu me guía. Me rindo todo a ti, Señor. ¡Amén!

Día 8

¿RECUERDA LO QUE COMIÓ AYER?

En conclusión, ya sea que coman o beban o hagan cualquier otra cosa, háganlo todo para la gloria de Dios.

« 1 CORINTIOS 10:31 »

LLEVAR UN DIARIO cotidiano de sus comidas puede parecer una tarea grande y trabajosa. ¿Pero si le digo que llevar un diario de los alimentos le puede ayudar a perder peso, estar enfocado, exponer hábitos y patrones alimenticios y promover la disciplina? Además, le ayuda a rendirse cuentas a usted mismo.

Desafío

1. Comience creando o descargando de la internet un diario cotidiano para sus comidas. Una aplicación para teléfonos inteligentes también puede funcionar.
2. Después que coma, registre lo que comió. En algún lado cerca escriba cómo se sentía antes de comer. Por ejemplo, ¿estaba feliz, triste, estresado o ansioso?
3. Cada noche, después de su última anotación, mire lo que come cada día como sus estados emocionales. Escriba sus descubrimientos y anote los cambios que le gustaría hacer.
4. Repita el proceso al otro día y durante el resto del desafío; vea lo que descubre sobre usted mismo.

Oración

Querido Dios:

Guíame mientras me entrego al desafío de hoy. Ayúdame a hacer elecciones alimenticias que estén correctas y que te honren y glorifiquen a ti. Aléjame de todas las malas elecciones sobre la comida y permite que tu convicción me lleve al buen camino. Amén.

Día 9

¡TAL VEZ ME GUSTE ESTO!

Por lo tanto, si alguno está en Cristo, es una nueva creación. ¡Lo viejo ha pasado, ha llegado ya lo nuevo!

« 2 CORINTIOS 5:17 »

CONFIESO: SOY UNA criatura de hábitos. En el pasado, nunca hubiera imaginado salirme de mi zona de confort para probar cosas nuevas y mucho menos comer algo que parecía pertenecer a otro sitio menos a la cocina. Sin embargo, he descubierto que hay muchas opciones maravillosas y saludables. ¡Cada vez que pruebo algo nuevo que sé que es bueno para mí, me siento realizada y me transporto a un mundo de tesoros hasta ahora desconocidos para mí! ¿Está listo para probar algo nuevo?

Desafío

1. Si va a cenar fuera o se va a quedar en casa, lo reto a probar algo que nunca ha probado antes.
2. ¡Piense en algo que sea sano y bueno para usted y dele una mordida! Las opciones podrían incluir un nuevo vegetal, pescado, frutas, granos y así sucesivamente.
3. Si va a ocurrir un gran cambio, puede ser que sus papilas gustativas tengan que cambiar. No se preocupe, se adaptarán. Deles tiempo.

Oración

Querido Dios:

Mientras me aventuro en territorio desconocido, ayúdame a mantener una mente y un corazón abiertos. Sé que me amas, Señor, y con tu guía y dirección voy a superar mis temores y a caminar en obediencia mientras camino hacia lo desconocido. Tú creaste mis sentidos. Te los entrego. Amén.

Día 10

NOS NECESITAMOS UNOS A OTROS

> Más valen dos que uno, porque obtienen más fruto de su esfuerzo. Si caen, el uno levanta al otro. ¡Ay del que cae y no tiene quien lo levante!
>
> « ECLESIASTÉS 4:9–10 »

Le voy a contar un pequeño secreto. Pensé que podía hacerlo por mi cuenta, pero no puedo. Ni usted tampoco. Cada vez que me enfrento a un obstáculo llamo a un equipo de oración. Llamo a las primeras personas que vienen a mi mente según el Señor me guía, personas que conozco son serias acerca de la oración. Le aseguro algo: funciona. Así que la próxima vez que esté en problemas o necesite que Dios intervenga, tome el teléfono o envíe un texto grupal a por lo menos dos o tres personas que usted sabe que dejarán todo y orarán en ese mismo momento. ¡Él no me ha fallado!

Desafío

1. Seleccione un grupo de amigos. Puede comenzar con dos o tres amigos que tengan una vida de oración y que sean constantes.
2. Pregúnteles si se comprometerán a orar por usted en momentos de necesidad. Esto es lo que yo llamo la "línea espiritual de oración 911".
3. Si usted se encuentra estresado, ansioso, preocupado, temeroso o enfrentando luchas, puede ponerse en contacto con este grupo selecto y pedirles que oren.
4. Agradézcales. La seguridad de que a medida que avanza en su misión tiene la confianza de saber que no está solo puede ayudarle a salir de los peores días.

Oración

Querido Dios:

Gracias por las conexiones divinas, relaciones de pacto y compañeros de oración. Sé que no tengo que llevar la carga solo. Mientras tú me guías, voy a contar con otros para que me ayuden a orar. ¡Amén!

Día 11

PERMÍTAME PRESENTARME

Porque somos hechura de Dios, creados en Cristo Jesús para buenas obras, las cuales Dios dispuso de antemano a fin de que las pongamos en práctica.

« EFESIOS 2:10 »

CREE UN *COLLAGE*. Es una forma de arte compuesta por fotografías, recortes de revistas, fotografías, papel y así sucesivamente, que pega en una hoja de papel o cartulina. Los *collages* son una forma de autoexpresión y una manera para que pueda sentarse, relajarse, crear y enfocarse en quién es usted como persona. Hay tantas cosas maravillosas acerca de nosotros, sin embargo, a menudo perdemos las pequeñas cosas que nos hacen maravillosos.

DESAFÍO

1. Usted necesitará papel para hacer manualidades (cualquier color), revistas viejas que haya leído y una barra de pegamento. ¡Si usted colecciona recortes saque todo su material!
2. Cree un *collage* como si estuviera presentándose a alguien sin tener que hablar. Será una introducción visual. (Incluya componentes espirituales, emocionales y físicos).
3. Sea creativo. Use imágenes, letras recortadas, brillo y cualquier otra cosa que se pueda imaginar. Que sea lo más creativo y lo más bello posible.
4. Cuando haya terminado dé un paso atrás y mírelo. ¿Cómo se sintió al crear este *collage*? ¿Es su misión una parte del *collage*? ¿Se ve usted?

Oración

Querido Dios:

Quiero que otros vean el trabajo que estás haciendo en mi vida. Sé que no has terminado conmigo. Voy a seguir caminando en obediencia a medida que tú continuas moldeándome y dándome forma. Amén.

Día 12

SALGA

Ciertamente, ninguna disciplina, en el momento de recibirla, parece agradable, sino más bien penosa; sin embargo, después produce una cosecha de justicia y paz para quienes han sido entrenados por ella. Por tanto, renueven las fuerzas de sus manos cansadas y de sus rodillas debilitadas.

« HEBREOS 12:11–12 »

¿QUÉ CLASE DE día está teniendo? ¿Siente como si no tuviera lo que se necesita para salir adelante? Salga a caminar con Dios.

Desafío

1. Haga una caminata de quince a treinta minutos.
2. Mientras camina, tome algún tiempo y tenga una conversación directa con Dios. Créame. Él está escuchando.
3. Hable con franqueza. Hable con Dios. Libere sus emociones, pensamientos y preocupaciones.
4. Su objetivo es sacar esos pensamientos y emociones de usted y dárselas a Él. Pruébelo. Se sentirá más ligero y más capaz de continuar su viaje.

Oración

Querido Dios:

Justo cuando creo que tengo todo bajo control, algo se sale de su curso y siento como si volviera al punto de partida. Ser disciplinado no es fácil, pero sé que tengo que hacer lo que es correcto delante de tus ojos. Me consuela saber que en estos tiempos me puedo liberar de todo y correr hacia ti. ¡Amén!

Día 13

DETÉNGASE, REFLEXIONE, ESCUCHE Y PROCEDA

> Pero el Consolador, el Espíritu Santo, a quien el Padre enviará en mi nombre, les enseñará todas las cosas y les hará recordar todo lo que les he dicho.
>
> « JUAN 14:26 »

RECUERDO QUE HACE algún tiempo tuve un largo día de trabajo. Como aún no había comido, tuve que tomar algunas decisiones. La primera pregunta fue: ¿debo comer? La respuesta, por supuesto, fue que sí. Luego: ¿qué es lo que como? Bueno, la reacción irreflexiva era comer cualquier cosa que me viniera a la mente, sobre la base de los hábitos. Por ejemplo, en las cenas comemos comidas completas. Pero ya que me detuve, me enfoqué, reflexioné y escuché a mi cuerpo y al espíritu dentro de mí, tuve la oportunidad de tomar el control y ordenar lo que era mejor para este templo.

Desafío

Así es como funciona el Espíritu Santo. Tenemos que tomar decisiones y a veces actuamos basándonos en los hábitos e impulsos. ¿Qué pasaría si tomáramos cada decisión primero deteniéndonos, luego reflexionando y finalmente escuchando lo que el Espíritu de Dios nos estaba diciendo?

1. Antes de decidir lo que va a comer, deténgase, reflexione y escuche, y luego proceda a alimentar su cuerpo.
2. Anote lo difícil o lo fácil que este ejercicio fue para usted.

Oración

Querido Dios:

Tengo que confesarlo, a veces quiero comer cualquier cosa. Sin embargo, yo sé que no puedo actuar por impulso. Ayúdame mientras me detengo, escucho y reflexiono sobre mis hábitos alimenticios. Estoy decidido a terminar con fuerza. Amén.

Día 14

LÁMPARA ES A MIS PIES TU PALABRA

Tu palabra es una lámpara a mis pies; es una luz en mi sendero.

« SALMO 119:105 »

¿SABÍA USTED QUE tenemos un GPS (Sistema de Posicionamiento Global) que podemos utilizar cuando estamos perdidos y no podemos ver hacia dónde vamos? Sí, la Palabra de Dios es ciertamente una lámpara a nuestros pies. No puedo decirle cuántas veces he usado mi GPS y en poco tiempo me encuentro el lugar donde se supone que debo estar. He llegado a mi destino.

DESAFÍO

1. Aparte hoy un tiempo específico para leer uno de sus capítulos favoritos de la Biblia.
2. Deténgase con frecuencia y reflexione. ¿Qué es lo Dios le está revelando respecto a su misión?
3. Tome su diario y anote la revelación que recibió de esta lectura.

ORACIÓN

Querido Dios:

Haz que pueda encontrar las respuestas que he estado buscando y que el poder de tu Palabra me fortalezca. Que me guíe en el camino correcto. Amén.

Día 15

CAMBIE SU FORMA ERRÓNEA DE PENSAR

Por último, hermanos, consideren bien todo lo verdadero, todo lo respetable, todo lo justo, todo lo puro, todo lo amable, todo lo digno de admiración, en fin, todo lo que sea excelente o merezca elogio.

« FILIPENSES 4:8 »

¿ALGUNA VEZ HA tenido un pensamiento al azar que está seguro no es parte del plan de Dios? Por ejemplo: "Dios no puede usar a alguien como yo", o: "No soy lo suficientemente inteligente o lo suficientemente bonita". Estos son pensamientos inesperados pero muchas veces recurrentes que pueden destruir nuestra misión si continuamos alimentándolos.

Desafío

1. Escriba en su diario tres pensamientos persistentes que desee cambiar porque sabe que afectan su percepción de sí mismo.
2. ¿Le gustaría cambiar estos pensamientos antes de que termine el desafío?
3. Haga un plan y ejecútelo.

Oración

Querido Dios:

Sé que algo feo y negativo no viene de ti. Hoy traigo a ti estos pensamientos que me ponen triste y enojado... (Exponga sus emociones). Te doy toda mi basura y elimino mis pensamientos negativos. Ayúdame a poner en práctica tu Palabra para protegerme de esos pensamientos que hacen de mi mente otra vez su casa. Oro en el nombre de Jesús, amén.

Día 16

LA MILLA EXTRA

Pero él me dijo: "Te basta con mi gracia, pues mi poder se perfecciona en la debilidad".

« 2 CORINTIOS 12:9 »

BUENO, TAL VEZ usted es como yo y encuentra cualquier excusa para no hacer ejercicios. Sin embargo, es algo que tenemos que hacer si vamos a estar totalmente aptos. ¿Por qué no entrenar cuando se pueda, verdad?

DESAFÍO

1. Hoy va a tomar las escaleras en lugar de un ascensor.
2. Dondequiera que vaya hoy no va a estacionar el carro cerca de la entrada. Tome una decisión consciente para estacionarse más lejos y así caminar más.
3. Si está acostumbrado a caminar, luego desafíe su mente y sus acciones para hacer cosas fuera de su rutina normal.

ORACIÓN

Querido Dios:

Debo confesar: hay cosas que sé que son buenas para mí que no me gusta hacer. Sin embargo, sé que la obediencia deja espacio para el ascenso, por lo tanto; ¿me darás la fuerza y las ganas de seguir adelante para que pueda dar lo mejor de mí? Gracias, Señor, por ser paciente conmigo. Amén.

Día 17

¡VAMOS A CELEBRAR!

Yo soy el Señor tu Dios, que te sacó de la tierra de Egipto. Abre bien la boca, y te la llenaré.

« SALMO 81:10 »

¡QUÉ EMOCIONANTE ES saber que Dios nos ha librado de tantas cosas y que está haciendo una buena obra en nosotros! Él nos ha sacado de viejos hábitos y modos de pensar y hoy estamos caminando en lo nuevo. Bueno, está bien, no ha terminado todavía con nosotros, pero ¿por qué no celebrar?

Desafío

1. Planifique una comida de celebración (con moderación, por supuesto, usted no desea retroceder).
2. Reúna a su familia o amigos cercanos y comparta la comida mientras habla de su progreso, los cambios que está viendo y la bondad de Dios en su vida.
3. Mientras esté comiendo, piense en todas las cosas maravillosas que hasta ahora ha experimentado en este viaje. Disfrute de cada bocado y tome su tiempo para comer. Este es su momento. Se lo merece. ¡Ha llegado hasta aquí!

Oración

Querido Dios:

¡Vaya! No puedo creer que haya llegado tan lejos. Ciertamente eres increíble y fiel. Gracias por no darte por vencido conmigo. ¡Me he comprometido a soportar hasta el final! Prosigo a la meta y tendré la victoria, porque tú eres mi torre fuerte. Amén.

Día 18

USTED TIENE UNA CITA ESTA NOCHE

Me has dado a conocer la senda de la vida; me llenarás de alegría en tu presencia, y de dicha eterna a tu derecha.

« SALMO 16:11 »

Algunas de las más grandes conversaciones que he tenido han sido con Dios. Recuerdo un momento en que realmente salí de mi camino para crear la atmósfera. Invité a Dios a unirse a mí en la conversación y descubrí que allí en su presencia verdaderamente hay plenitud de gozo.

Desafío

1. Establezca un tiempo hoy para estar con Dios.
2. Cree la atmósfera. Encienda una vela, ponga un poco de música de adoración y libérese de todas las distracciones. Es una cita con Dios.
3. Invite a Dios a sentarse con usted y simplemente pase tiempo en una conversación con Él. Tome tiempo para hablar pero también dedique tiempo para escuchar. Él hablará a su ser interior.

Oración

Querido Dios:

Hoy te invito a unirte a mí en un tiempo de conversación. Lléname de tu presencia y de tu paz. Que pueda caminar con un mayor entendimiento de la profundidad de tu amor y propósito para mi vida.

Día 19

HAGA LA LLAMADA

Sean bondadosos y compasivos unos con otros....

« EFESIOS 4:32 »

¿CUÁNDO FUE LA última vez que llamó a algunas personas y les dijo lo increíble que son o lo mucho que le han bendecido? ¿Sabía usted que bendecir a otros con palabras amables es bueno para su alma? Al levantar el espíritu de alguien con palabras amables su espíritu también se nutre.

Desafío

1. Piense en alguien que usted aprecia de todo corazón.
2. Haga una llamada telefónica (ningún texto, por favor). Deje que la persona escuche su voz.
3. Dígale a esas personas lo maravillosas que son, o tal vez que usted aprecia su amistad o la forma en que bendicen a los demás...Ya sabe a lo que me refiero.

Oración

Querido Dios:

Gracias por las personas maravillosas que has puesto en mi vida. Sé que a veces yo no soy la persona más fácil de tratar. De alguna manera siempre envías a alguien que me recuerda tu amor y tu cuidado por mí. Eres un Dios impresionante. Tus bendiciones sobre mi vida son infinitas y estoy eternamente agradecido. Amén.

Día 20

¿LLEGÓ LA HORA DE UN CHEQUEO?

Pero yo te restauraré y sanaré tus heridas, afirma el Señor.
« JEREMÍAS 30:17 »

¿CUÁNDO FUE LA última vez que fue al médico y se realizó un chequeo completo? Si vamos a estar completamente aptos, nuestra salud importa.

Desafío

1. Haga una cita hoy para realizarse un chequeo completo.
2. Tómese el tiempo para escuchar a su cuerpo. ¿Qué es lo que dice?
3. Escriba algunas cosas que le gustaría discutir con su médico que puedan ser de interés para usted.
4. Confíe en Dios y no tema. Él es su Creador y está con usted a cada paso del camino.

Oración

Querido Dios:

Admito que he estado tan ocupado que no he dedicado tiempo para cuidar de mí. Gracias por tu Palabra que siempre me convence de cambiar. Me acuerdo hoy que no puedo estar tan ocupado como para descuidar responsabilidades importantes como mi salud. Gracias por llevarme a un estilo de vida saludable. Amén.

Día 21

CUIDADO CON LAS TRAMPAS

El Señor me librará de todo mal.

« 2 TIMOTEO 4:18 »

LE HA ESTADO yendo bien en su desafío y quiere recompensarse con un trozo de tarta o un maravilloso, grande y jugoso filete. ¡Espere! ¿Está usted listo? ¿Es eso lo que su cuerpo le está diciendo que necesita o se trata de una trampa para despertar los viejos apetitos?

Desafío

1. Escriba tres formas en que se recompensaría a usted mismo por comer sano y ser fiel a este desafío.
2. Si la comida es una de las formas, anote qué alimentos y por qué los eligió.
3. Piense acerca de los efectos potenciales que usted sufrirá después del consumo de esos alimentos en particular y anótelos.
4. Recuerde, hay una razón por la que una trampa es una trampa.

Oración

Querido Dios:

Gracias por mantenerme atento a las trampas del enemigo. He llegado demasiado lejos como para estropear esto ahora. Yo soy más que vencedor. Ayúdame a ser proactivo y no reactivo. Mantén a tu Espíritu vivo en mí, ya que me convence de las decisiones que tomo. Confío en ti, Señor. Amén.

Día 22

ALINEAMIENTO ESPIRITUAL

Permanezcan en mí, y yo permaneceré en ustedes. Así como ninguna rama puede dar fruto por sí misma, sino que tiene que permanecer en la vid, así tampoco ustedes pueden dar fruto si no permanecen en mí.

« JUAN 15:4 »

TODOS TENEMOS ESFERAS que necesitan ser alineadas. ¿Conoce su esfera (s)? ¿Es una mejor vida de oración, más disciplina, tiempo devocional, sanidad interior u organización?

Desafío

1. Haga una lista de tres cosas que desee alinear en su vida.
2. Cree un plan de acción que pueda ayudarle a empezar de inmediato a estar alineado.
3. Presente su lista al Señor e invítelo a guiarle.

Oración

Querido Dios:

Gracias porque hoy me recordaste que tengo que estar espiritualmente alineado en ciertas áreas de mi vida. Confieso que a veces no es fácil cambiar, sin embargo sé que si estoy dispuesto, tú me ayudarás cuando lo necesite. Te invito a guiarme a través de este proceso y que pueda seguir adelante victorioso. Amén.

Día 23

LAS RELACIONES IMPORTAN

Dios consideró que la luz era buena y la separó de las tinieblas.
« GÉNESIS 1:4 »

LAVAR LA ROPA no es algo que disfrute hacer. No me gusta el proceso de separación de los colores oscuros de los colores claros. He aprendido mi lección demasiadas veces. He mezclado colores sólo para arruinar la ropa por mi falta de paciencia. Esto me recuerda nuestras relaciones. Creemos que podemos mezclarlas todas y tratarlas a todas por igual. Dios quiere que arreglemos nuestras relaciones y separemos la oscuridad (aquello que puede ser perjudicial) de la luz (lo que alimenta el destino que Dios nos ha dado). De lo contrario, algunas cosas pueden acabar arruinadas en la mezcla.

Desafío

1. Haga una lista de sus relaciones más preciosas.
2. Escriba lo que es único acerca de cada una de ellas.
3. Encuentre maneras de apreciar su singularidad.
4. Encuentre maneras de establecer límites entre las buenas relaciones y las que pueden ser perjudiciales.

Oración

Querido Dios:

Gracias por mis amigos. Todos necesitamos personas en nuestras vidas. A veces me olvido de que cada uno lleva su propia singularidad y los trato de la misma manera. Ayúdame a ver los dones en cada uno de mis amigos. Oro en el nombre de Jesús, amén.

Día 24

ORGANÍCESE

Pero todo debe hacerse de una manera apropiada y con orden.
« 1 CORINTIOS 14:40 »

¿HAY UN ARMARIO, un cajón, una habitación o un garaje que usted ha estado esperando para limpiar y organizar pero no lo ha hecho? ¿Simplemente no ha sentido la pasión o el compromiso para hacerlo? Pues bien, hoy es su día. Hoy usted puede entrenar mientras organiza. ¿Está listo?

Desafío

1. Elija una habitación, un armario, un par de cajones, o incluso una sección del garaje que necesita limpieza y organización.
2. Establezca un tiempo para empezar y para terminar ya que esto le ayudará a moverse a una velocidad que promoverá la resistencia física.
3. Cuando haya terminado, escriba en su diario los sentimientos, pensamientos y emociones que observa después de finalizar este desafío.

Oración

Querido Dios:

Eres un Dios de orden. Te doy gracias porque puedo sentirte trabajando en muchas áreas de mi vida. Sé que el caos puede promover emociones negativas. Las emociones inestables son peligrosas porque pueden afectar la misión de mi vida. Se siente bien saber que estás en esto conmigo. Gracias. Amén.

Día 25

¿ES USTED UN CONSUMIDOR EMOCIONAL?

El corazón humano genera muchos proyectos, pero al final prevalecen los designios del Señor.

« PROVERBIOS 19:21 »

DURANTE EL TIEMPO en que estaba absorta en mi propio desafío de treinta días (no voy a pedirle que haga nada que yo no he hecho) me di cuenta, a través de mi registro de alimentos, que era una consumidora emocional. Comía cuando me sentía estresada o aburrida. Tener conciencia de esto me permitió tener un mayor control de mis emociones y someter mis preocupaciones al Señor. Cada vez que quiero comer, me pregunto: "¿Por qué quieres comer ahora?"

Desafío

1. Mire su registro de alimentos y haga una lista de las veces que comió más de lo que debía comer.
2. Revise su estado emocional, las veces que comió en exceso.
3. Escriba los patrones que observa y lo que desea cambiar.
4. Entregue sus preocupaciones al Señor en oración.

Oración

Querido Dios:

Muchas veces soy un desastre emocional y corro a la alimentación por comodidad. Esto no es lo que debería estar haciendo. Enséñame a correr a ti en esos momentos, porque sé que puedo confiar en ti para que me ayudes. Hoy me detengo a escuchar y a tomar las decisiones correctas. Amén.

Día 26

¿QUÉ HA ESTADO EVITANDO USTED?

Así que comete pecado todo el que sabe hacer el bien y no lo hace.

« SANTIAGO 4:17 »

¿HAY ALGO QUE usted ha estado evitando que sabe Dios le está llamando a confrontar? A lo mejor es ignorar una cierta esfera de su vida. Tal vez es el no ser capaz de perdonar a alguien que puede haberle hecho daño.

DESAFÍO

1. Haga una evaluación honesta de lo que ha estado evitando.
2. Escriba en su diario qué es eso a lo que debe hacer frente.
3. Cree un plan de acción y pida a Dios el coraje para continuar. Esto no será fácil y es probable que por eso lo haya estado ignorando. ¡Pero con la ayuda de Dios usted puede hacerlo!

ORACIÓN

Querido Dios:

Este es un desafío muy doloroso, ya que hay cosas muy dolorosas de las que prefiero no hablar. Sin embargo, sé que si voy a tener una sanidad completa, tengo que lidiar con esta esfera de mi vida. Dame el valor y la paz necesarios para seguir adelante con este desafío. En el nombre de Jesús, amén.

Día 27

USTED ES INQUEBRANTABLE

Por lo tanto, mis queridos hermanos, manténganse firmes e inconmovibles, progresando siempre en la obra del Señor, conscientes de que su trabajo en el Señor no es en vano.

« 1 CORINTIOS 15:58 »

USTED ESTÁ CASI al final del desafío de treinta días. Tal vez ha tenido momentos en que haya querido parar. Tal vez lo hizo, pero decidió regresar. ¡Grandioso! Usted está aquí todavía y eso dice mucho de su compromiso de ser apto para su misión.

DESAFÍO

1. Tómese un momento para reflexionar sobre este viaje de treinta días.
2. Escriba en su diario qué días fueron los más difíciles y por qué.
3. Lea lo que acaba de descubrir sobre usted mismo.
4. Agradezca a Dios por los cambios y tome la decisión de continuar el viaje hacia la integridad.

ORACIÓN

Querido Dios:

Te doy gracias porque me has traído hasta aquí. Realmente eres un Dios maravilloso. Hubo días que fueron más difíciles que otros y pensé en renunciar, pero tú me sostuviste. Sé que poseo la fuerza para continuar firme. Te lo debo todo a ti, Señor. Gracias por amarme incondicionalmente. Amén.

Día 28

BAILEMOS

Ustedes necesitan perseverar para que, después de haber cumplido la voluntad de Dios, reciban lo que él ha prometido.

« HEBREOS 10:36 »

HE AQUÍ UN hecho: el ejercicio funciona. El ejercicio promueve la resistencia, además de sus muchos otros beneficios. Así que aunque queramos huir de él, tenemos que volver a él y hacerlo una parte de nuestra vida, parte de la misión de nuestras vidas. Así que dicho esto, ¿por qué no divertirse?

DESAFÍO

1. Reúna a su familia esta noche y cree un espacio donde todos puedan moverse libremente. (No hay límite de edad).
2. Elija una música divertida que toda la familia disfrute.
3. Ajuste el reloj para una media hora de ejercicios.
4. Empiece la música y haga que cada miembro de la familia se turne en la creación de una rutina de baile estilo libre y toda la familia debe seguirle. (Esté preparado para un montón de risas y diversión mientras quema calorías).

ORACIÓN

Querido Dios:

Gracias por darme la resistencia para terminar lo que empecé. Sé que voy a recibir lo que has prometido. Voy a estar apto para mi misión. Amén.

Día 29

BANQUETE DE COMIDA NATURAL

El corazón del hombre traza su rumbo, pero sus pasos los dirige el SEÑOR.

« PROVERBIOS 16:9 »

¿NO ES MARAVILLOSO saber que el Señor determina nuestros pasos? Él se preocupa por todas las áreas de nuestras vidas. Él creó a los animales y plantó jardines para que disfrutáramos de lo mejor de la naturaleza. Créame cuando le digo que Él quiere que nosotros estemos listos para nuestra misión también en nuestra selección de los alimentos. ¡Disfrutemos de algo de lo mejor de Dios!

Desafío

1. Reúna a su familia y planee un bufet de ensaladas para la cena.
2. Haga que cada miembro de la familia escoja un alimento saludable.
3. Elija una carne magra (pollo o pescado).
4. Reúna todos sus alimentos; incluya verduras, frijoles, tomates y más; las posibilidades son infinitas.
5. Establezca un área que se parezca a una mesa de bufet y haga que cada uno cree su propia ensalada. (Esta es una buena oportunidad para que su familia conozca nuevas opciones de comida.)
6. *¡Buen provecho!*

Oración

Querido Dios:

Piensas en todo. Es reconfortante saber que a tus hijos no nos falta nada, ya que has provisto todo lo que necesitamos. Ayúdame a ser un ejemplo para mi familia, mientras se hacen aptos para su misión. Podemos establecer patrones de alimentación que sean agradables a ti. En el nombre de Jesús, amén.

Día 30

¡SIGA ADELANTE!

Sigo avanzando hacia la meta para ganar el premio que Dios ofrece mediante su llamamiento celestial en Cristo Jesús.

« FILIPENSES 3:14 »

¡USTED HA LLEGADO al trigésimo día! Ha pasado treinta días de reflexión, autodescubrimiento, convicción, confrontación, revelación y transformación. Ha recorrido un camino de alineamiento espiritual, mental y físico. ¡Me regocijo con usted!

Aquí hay un reto más antes de que pueda comenzar a aplicar lo que fue más útil para usted y hacerlo parte de su vida cotidiana.

Desafío

1. Escriba una carta explicando lo que usted cree es su misión. En esa carta escriba lo que aprendió durante los treinta días que le hizo estar listo para seguir adelante con gran confianza.
2. Léase la carta y compártala también con un amigo o miembro de la familia.
3. Extraiga los aspectos a los que necesita seguir prestando atención.
4. Siga adelante con tenacidad. ¡Su misión fue creada para usted y nadie puede ser mejor en ser usted que USTED mismo!

Oración

Señor:

Reconozco tu grandeza. Gracias por la convicción a través de tu Palabra y del Espíritu Santo. Gracias por ayudarme a enfrentar las esferas de mi vida que lo necesitaban. Te doy gracias por ser un Dios de revelaciones tan grandes. Me ayudaste a ver las cosas que no podía ver por mí mismo.

Gracias por la transformación que ha tenido lugar en mi vida. Que siempre te traiga gloria. Ayúdame a seguir este viaje con pasión y propósito y permite que la transformación en mi vida sirva como un testimonio de lo que todos podemos hacer cuando nos rendimos a ti. Declaro que estaré apto para mi misión. En el nombre de Jesús, amén.

NOTAS

Introducción

1. The Free Dictionary, s.v. "confrontation," http://www.thefreedictionary.com/confrontation (consultado en línea el 23 de enero de 2014).

2. *Merriam-Webster Dictionary*, s.v. "transformation," http://www.merriam-webster.com/dictionary/transformation (consultado en línea el 23 de enero de 2014).

Capítulo 1
Usted tiene una misión

1. The Free Dictionary, s.v. "alignment," http://www.thefreedictionary.com/alignment (consultado en línea el 22 de enero de 2014).

2. ThinkExist.com, "Pieter V. Admiraal Quotes," http://thinkexist.com/quotes/dr._pieter_v._admiraal/ (consultado en línea el 29 de diciembre de 2013).

Capítulo 2
Su cuerpo es un templo

1. R. E. Hawkins, *Model for Guiding the Counseling Process* (Lynchburg, VA: Liberty University, 2006).

Capítulo 3
Llegar al quid del asunto

1. J. D. Douglas, *New International Bible Dictionary* (Grand Rapids, MI: Zondervan Publishing House, 1999), s.v. "heart."

2. David Benner, *Desiring God's Will* (Downers Grove, IL: InterVarsity Press, 2005).

3. Saint Augustine, *Confessions* (N.p.: Oxford University Press, 1999).

Capítulo 5
Cambiar de adentro hacia afuera

1. Ron Dicker, "Plastic Surgery Spending Is Up, As Number of Chin Augmentation Surges," *Huffington Post*, April 18, 2012, http://www.huffingtonpost.com/2012/04/18/plastic-surgery-spending-up-2011_n_1435512.html (consultado en línea el 23 de

enero de 2014); "Minimally-Invasive, Facial Rejuvenation Procedures Fuel 5 Percent Growth," PlasticSurgery.org, http://www.plasticsurgery.org/news-and-resources/press-release-archives/2013/14-million-cosmetic-plastic-surgery-procedures-performed-in-2012 (consultado en línea el 23 de enero de 2014).

2. Temma Ehrenfeld, "Plastic Surgery Doesn't Boost Self-Esteem," *Open Gently*: a *Psychology Today* blog, December 10, 2012, http://www.psychologytoday.com/blog/open-gently/201212/plastic-surgery-doesnt-boost-self-esteem (consultado en línea el 23 de enero de 2014).

Capítulo 6
Aquello que no controles, te controlará

1. Charles Haddon Spurgeon, *Morning and Evening* (Peabody, MA: Hendrickson Pub, 1991).

Capítulo 7
Paso 1: Convicción

1. James Strong, *The New Strong's Complete Dictionary of Bible Words* (Nashville, TN: Thomas Nelson Publishers, 1996), s.v. "conviction."

2. Oswald Chambers, *My Utmost for His Highest*, Classic Edition, "Repentance," December 7, 2013, http://utmost.org/classic/repentance-classic/ (consultado en línea el 23 de enero de 2014).

Capítulo 8
Paso 2: Confrontación

1. The Free Dictionary.com, s.v. "confront," http://www.thefreedictionary.com/confront (consultado en línea el 22 de enero de 2014).

2. Joan Didion, *The Year of Magical Thinking* (New York: Alfred A. Knopf, 2005), 3.

3. C. S. Lewis, *The Problem of Pain* (London: The Centenary Press, 1940).

Capítulo 9
Paso 3: Revelación

1. Merriam-Webster.com, s.v. "revelation," http://www.merriam-webster.com/dictionary/revelation (consultado en línea el 22 de enero de 2014).

2. Cornelius Plantinga Jr., *Engaging God's World: A Christian Vision of Faith, Learning, and Living* (Grand Rapids, MI: Wm. B. Eerdmans Publishing Co., 2002), 7.

Capítulo 10
Paso 4: Transformación

1. Dictionary.com, s.v. "transformation," http://dictionary.reference.com/browse/transformation?s=t (consultado en línea el 22 de enero de 2014).

Capítulo 11
Terminar lo que comenzó

1. The Free Dictionary.com , s.v. "distraction," http://www.thefreedictionary.com/distraction (consultado en línea el 22 de enero de 2014).

¡Viva la lectura!
Cápsulas de literatura a través del Club 700 Hoy
BIBLIA PARA LA GUERRA ESPIRITUAL
El PODER SECRETO para DECLARAR la PALABRA de DIOS
JOYCE MEYER
ORACIONES QUE MUEVEN MONTAÑAS
PODEROSAS ORACIONES QUE TRAEN RESPUESTAS DESDE EL CIELO
JOHN ECKHARDT
PERRY STONE
Cómo INTERPRETAR LOS SUEÑOS y las VISIONES
EL PRESAGIO
JONATHAN CAHN
DR. DON COLBERT
LIBÉRESE DE LAS TOXINAS
Para conocer días y horarios del programa, síguenos en
facebook.com/vivalalectura
PRESENTADO POR:
CASA CREACIÓN
club700 hoy